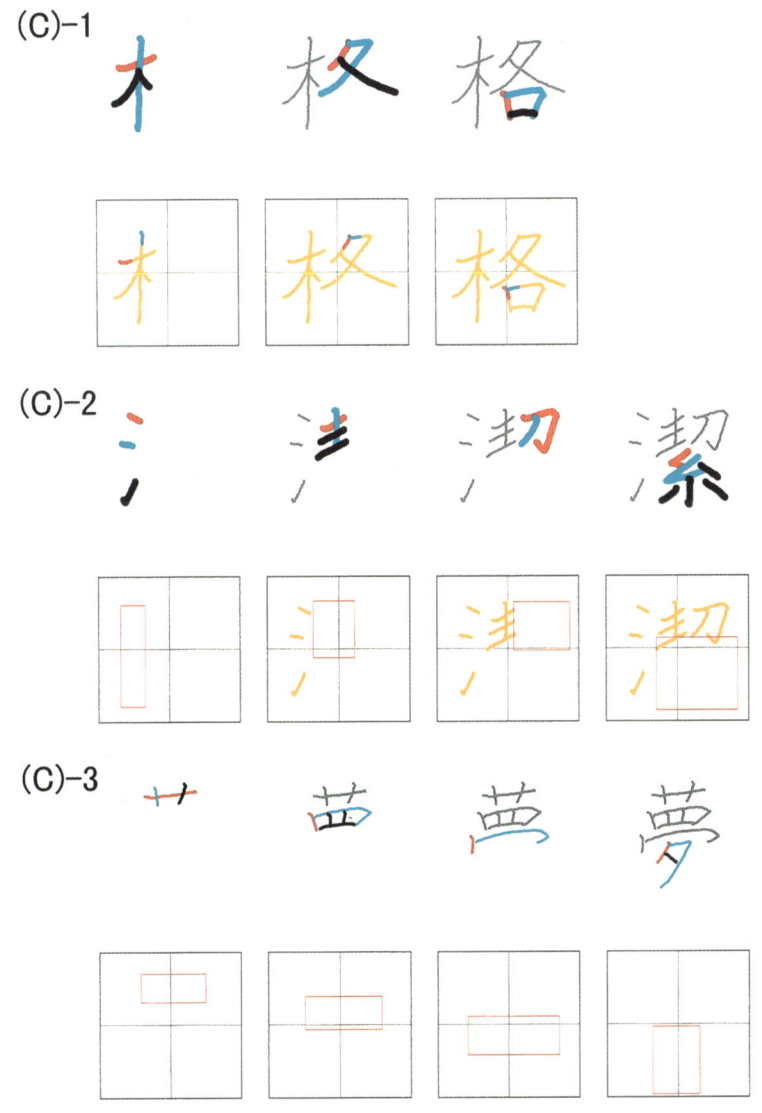

小学校6年生までに学習する全漢字について，筆順を色分けしたプリントができます。学習したい漢字だけを選べるので，子どもの学習進度に合わせてプリントをつくることができます。

LD児の漢字学習と
その支援

一人ひとりの力をのばす書字教材（CD-ROMつき）

小池敏英・雲井未歓
渡邉健治・上野一彦 編著

北大路書房

はじめに

　子どもたちの書字困難が，彼らの生活や遊びのなかに影を落としていることに気づいたのは，LD児のための学習会でゲーム活動をしていて，自分のスコアと感想を書く課題を行ったときでした。その子は，名前や字を書こうとせずに，グズグズしていましたが，結局うまく書けず，クシャクシャ書いていました。最後には，スタッフに書いてもらっていました。スコアまでは元気に活動していたのですが，スコアからはまったく元気がなくなり，次の活動に身が入らなくなってしまいました。このように自分の力で対処できない事態を強く経験すると，新しい事態で，うまく対処しようとしないこと（学習性無力感）が心理学の研究のなかで確かめられています。

　LD児にとって，漢字学習は，学習性無力感をもたらす大きな原因のひとつになっている可能性があります。そのためLD児の指導においては，漢字学習が対処できる事態であることを実感させ，学習に見通しを与えることがたいせつであるといえます。

　そのためには，
　①　少ない分量の課題で，集中して取り組めるようにすること，
　②　わずかな改善でも，それがわかるしかたで学習すること，
などが，たいせつです。

　従来，学年に合わせて漢字を選び，書字レベルを考慮した漢字教材を個別につくることは，手間がかかる作業でした。その結果，子どもに対して，指導の見通しを与えることが困難でした。

　そこで私たちは，小学校1年から6年までの漢字について，「一人ひとりの認知特性に配慮した教材」を作成する漢字支援ソフトを開発しました。本書では，LD児の漢字書字の特徴と，その発達支援について説明し，それを基にして，漢字支援ソフトの利用方法について述べました。

　本書を活用されて，一人でも多くの子どもが漢字学習に見通しをもつことができるようになったならば，これに勝る喜びはありません。

編著者　代表

小池　敏英

目　　次

はじめに

1章　LD児と学習支援　1

1　特別支援教育の展開と学習支援　2
① 障害の理解　2／② 個に応じた支援を　2／③ 特別支援教育への転換　3

2　LD児の認知と学習　5
① LD児の理解のポイント　5／② LD児の認知と学習　6

●コラム1　LD児の定義とタイプ　9

2章　LD児の漢字の書字困難と発達支援　13

1　事例にみられる特徴　14
① わかる，読めるのに書けない　14／② 代表的な事例から　15／③ 事例の指導経過　17

2　書字困難と発達支援　18
① K-ABCの下位検査　18／② K-ABCの下位検査評価点と誤字の特徴　20／③ レキシコン形成と書字　24／④ 漢字の発達段階と書字課題　24／⑤ 筆順のレキシコン　25

●コラム2　心理教育的アセスメント　28

●コラム3　書字指導の事例　32

3章　LD児の漢字学習の支援教材　37

1　漢字教材の構成　38
① ロゴ段階に到達しつつある子どもに対する学習支援　39／② 1年生の漢字を獲得しつつある子どもに対する学習支援　39／③ 2年生以降の漢字を獲得しつつある子どもに対する学習支援　39

2　漢字教材の利用方法　41
① 形の識別（教材Ⅰ）　41／② 読み（教材Ⅱ）　44／③ カテゴリ（教材Ⅲ）　46／④ 筆順と形の記憶（教材Ⅳ）　48／⑤ 画要素（教材Ⅴ）　50／⑥ 書字（筆順）（教材Ⅵ）　51／⑦ 合成カード（教材Ⅶ）　58／⑧ 部首（教材Ⅷ）　61／⑨ 合成・分解（教材Ⅸ）　62／⑩ 評価問題の作成　63

3　漢字指導と教材利用の実際　66

①　指導前の評価　69／②　漢字の意味と読みの指導　70／③　漢字の形の指導　71／④　漢字の書字の指導　72

●コラム4　一斉指導における個別的支援の配慮　77

●コラム5　学習支援と「他者の意図理解」の促進　79

引用文献　83

おわりに　85

付録　CD-ROMの使い方　87

ソフトウェア使用の条件　93

1章　LD児と学習支援

　近年，LD児をとりまく教育環境は，変わりつつあります。また「障害」に関する概念が，変遷しつつあります。教育環境の変化は，このような周囲の変化と無縁ではありません。一方，認知発達と学習困難の関係についての考え方が整理されて，研究が蓄積されてきました。
　そこで本章では，LD児の漢字書字を理解するうえで必要となる，学習支援のあり方と認知発達について，述べていきましょう。

1章 LD児と学習支援

1 特別支援教育の展開と学習支援

① 障害の理解

　世界保健機関（WHO）は，国際障害分類を2001年5月に改定しました。この改訂版は，1980年度の第1版（ICIDH）と比べると大きな違いがあります。第1版では，「機能・形態障害」が「能力障害」を引き起こし，さらに「社会的不利」を引き起こすと定義されています。それに対して，改訂版（ICF）では，「心身機能・構造」「活動」「参加」という健康な次元での区分がなされています（図1-1）。これは，社会参加を図るうえでの問題は，病気以外の要因によっても生じるので（たとえば加齢など），疾病に基づく概念では，現実の社会に対応しきれなくなったためです。改訂版は，障害は制約であるという考えに基づいています。すなわち，障害とは，活動をするうえでの制限（活動制限）であり，参加していくうえでの制約（参加制約）です。制約の状況は，環境のあり方（バリアフリーの環境であるかどうかなど）や個人の状況（サポートを受けているかなど）によって大きく変わります。そこで環境因子と個人因子が，制約にかかわる因子として定義に含められました。このように改訂版では，障害は「個人の病気によって生じるものである」という考え方から，「個人が参加していくうえでの制約であり，その程度は，環境要因と個人の条件によって決まる」という考え方に変わりました。このことから，障害を理解するうえで，「個々の必要に応じた支援（サポート）」の内容を知ることは不可欠であるといえます。

② 個に応じた支援を

　障害児教育の分野においても，「個々の必要に応じた支援」という考え方は，近年，重視されています。ユネスコとスペイン政府は共催で「特別なニーズ教育に関する世界大会」を開催しました。そのなかで，「特別な教育的ニーズを有する子どもは，彼らの効果的な教育を確保するために必要な特別な援助はどんなも

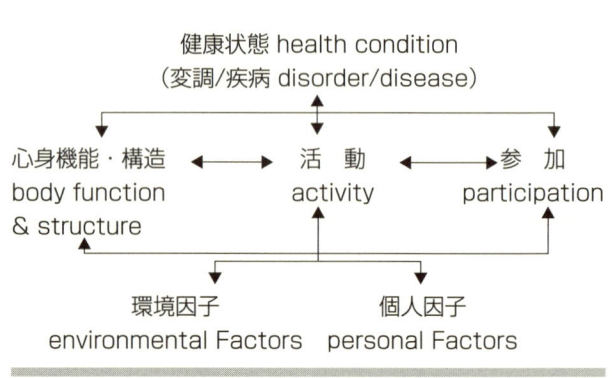

図1-1　国際生活機能分類（ICF）（WHO, 2002）

のであれ，インクルージョン学校の内部で受けるべきである」ことを指摘し，「子どもを特別学校に就学指定することは，例外であるべき」という考えを示しました（「特別なニーズ教育に関するサラマンカ声明と行動大綱」，ユネスコ，1995）。国際的な動向は，インテグレーション，インクルージョンをめざして進展しようとしており，「特別学校」や「特別学級」での教育は例外であるとさえみなしています。この主張は，世界各国の教育状況を見渡したとき，急進的であることは事実であり，それぞれの国でインクルーシブ教育を実現する速度や方法は異なっているのが実情です。

③ 特別支援教育への転換

2005年12月に文部科学省に設けられた中央教育審議会「特別支援教育特別委員会」は，「特別支援教育を推進するための制度の在り方について」を答申しました。それを受けて2006年6月に開催された衆議院本会議において，政府提案の「学校教育法等の一部を改正する法律案」が可決・成立し，公布されました。その主たる内容は，盲学校，聾学校，養護学校を障害種別を超えた特別支援学校に一本化し，在籍児童生徒等の教育を行うほか，小中学校等に在籍する障害のある児童生徒等の教育について助言援助に努めること，小中学校等においては，学習障害（LD），注意欠陥多動性障害等（ADHD）を含む障害のある児童生徒等に対して適切な教育を行うこと等，です（図1－2）。また，これまでの特殊学級は特別支援学級という名称に変更されています。

この法律は，2007（平成19）年4月1日より実施されましたが，学校教育法が1947年に制定されて以来，特殊教育から特別支援教育への転換という大幅な改正であり，小中学校の通常の学級において学習障害（LD），注意欠陥多動性障害（ADHD），高機能自閉症の子どもが法的な基盤の上で特別支援教育を受けることになりました。このように制度化されるまでに，すでに学習障害児に対する対応はさまざまになされてきております。とりわけ，文部省の調査研究協力者会議の報告「通級による指導に関する充実方策について」（平成4年3月）と「学習障害児に対する指導について」（平成11年7月）は，学習障害児の指導を促進する上で大きな役割を果たしました。「学習障害児に対する指導について」では，LD児を対象とした教育では，個に応じた指導の充実が重要で，学習の困難の程度に応じた指導の形態と場を指摘しています。指導

1章 LD児と学習支援

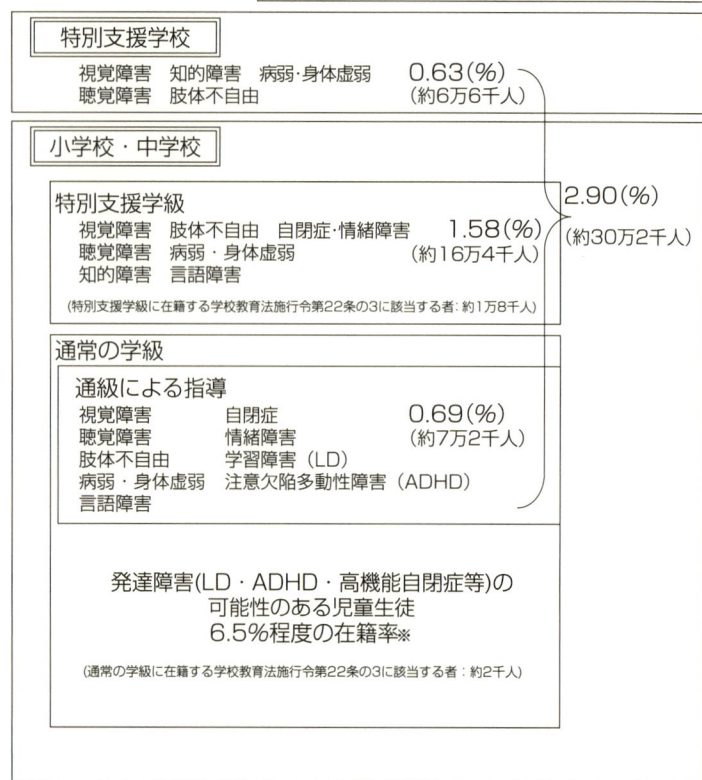

◉図1-2 特別支援教育の概念図（文部科学省，2013を基に作成）

の形態としては（1）通常の学級における指導（担任が配慮しての指導，ティームティーチングによる指導），（2）通常の学級以外の場における指導（通常の学級における授業時間外の個別指導，特別な場での個別指導，さらに，専門家による巡回指導）を指摘しています。

小・中学校においては，特別支援教育は校内委員会の設置と特別支援教育コーディネーターの配置，そして個別の教育支援計画に基づいて展開されます。なんといっても担任による理解と指導が重要であり，なかでも読み書きにかかわる課題は，国語・算数だけでなく，すべての教科にかかわる基礎であるといえます。したがって，特別支援教育においては読み・書きの学習支援は重要なテーマであり，本書では，LD児の「漢字の書字」というテーマのもとで，個別の学習支援の方法について，

書字教材を中心として述べていきます。

2　LD児の認知と学習

　LD児を深く理解し，適切なはたらきかけを行っていくうえで，認知発達と学習能力という2つの視点はたいせつです。はじめに，この点について考えてみましょう。

① LD児の理解のポイント

　LD（学習障害：learning disabilities）は，学習能力（認知発達に関係する学習機能）になんらかの不全を示す比較的軽度の発達障害をさす概念です。LDとその周辺の子どもたちを広義にとらえる場合には学習困難（learning difficulties）という用語がありますが，それは発達的要因も環境的要因もすべて包含する学習の困難状態を広く意味する教育概念です。LDの場合には，認知発達を背景にした特異な学習の困難であるので，その点で区別されます。

　また以前から用いられてきた学業不振児（アンダー・アチーバー）は総体的な知能と学力レベルの相対的な差からの概念ですし，学習遅進児（スロー・ラーナー）は総体的な知能レベルが境界域にある子どもたちを総称する概念で，いずれもLDとは同義ではありません。

　LDの定義（文部省，1999）における理解のポイントをあげてみましょう。

a．基本的に知的障害とは区分すること（典型的なLD症状を持つ場合，その境界での重複については必ずしも否定しない）。
b．主症状として，聞く，話す，読む，書く，計算する又は推論する能力のうち，特定のものの習得と使用に関する著しい困難に限定する。
c．社会性や行動上の問題は定義的には主症状からはずす（ただし，情緒や社会性の問題，ADHDなどを合併する場合に多くみられる行動上の諸問題については，指導にあたって十分に配慮する）。
d．発達障害としての機能障害を背景に認めること。
e．他の障害との重複があっても，それが主要因ではないこと。
f．環境要因によるものではないこと。

　LDとは，認知発達に起因する学習の困難を主症状とする発達障害な

のです。人間の認知機能についてやさしく説明してみましょう。

　私たちは目や耳といった，さまざまな感覚器官を通して入ってくる情報を，脳で受けとめ，照合し，整理し，関係づけ，しまい込み，また必要に応じて引き出します。いわば脳は知識の整理ダンスのようなはたらきをしています。

　LDは，タンスが明らかに小さいわけでも，壊れているわけでもありません。ただ，いくつかの引き出しがきしんで開けにくかったり，整理をするときの工夫が足りなかったりします。そのために知識の出し入れや，知識を関係づけたりするのに時間がかかってしまうのです（上野，2000）。

　LDの学習や行動上の諸問題の発生メカニズムは，図1-3のように考えることができます（上野ら，2001）。図中，中枢神経系（CNS）の機能障害が点線で囲まれているのは，それらがあくまでも推定といったレベルであることを意味します。また最終的な教科的学力の特異な困難の周辺に，社会性・情緒・行動面の問題が配置されているのは，必ずしも直接的な関係は認められなくても，重複しやすい関連症状であることを示しています。

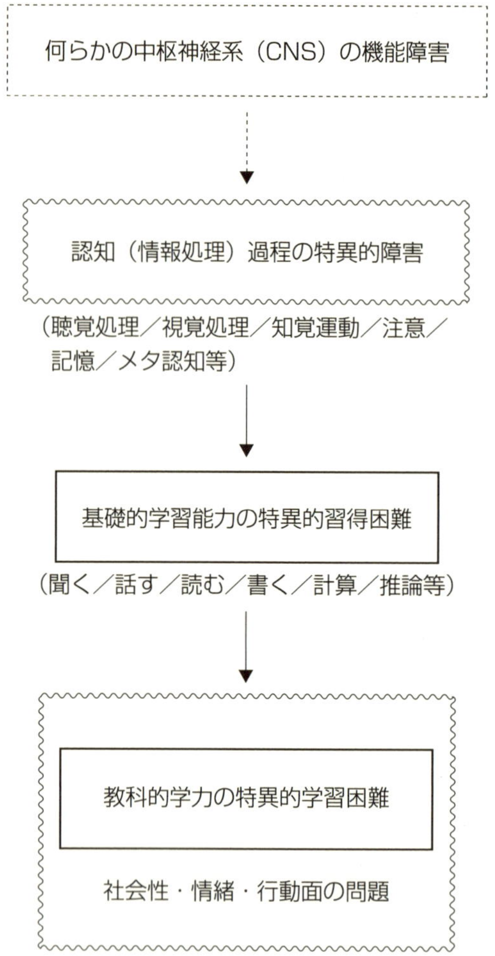

●図1-3　LDの学習困難や関連する諸問題の発生メカニズム（上野ら，2001）

　LDのこうした特徴は，聞く，話す，読む，書く，計算する，推論するといった，学習の基礎となる能力の習得や使用面で著しい困難をまねきやすいのです。また，こうした発達の特徴は，学力だけでなく，情緒や社会性，運動や行動面にもさまざまな不適応症状を重複しやすく，こうした二次症状ともいえるさまざまな困難は，彼らの理解や指導にあたっての重要な観点となってきます。

② LD児の認知と学習：漢字学習をめぐって

　人間の脳細胞は，たとえば視覚を例にとれば，動きや形（縦に動く

線，横に動く線，斜めに動く線，それも右から左，左から右，上から下，下から上など）を受けとめるだけでなく，まとまったパターンとして感じ取り，それを過去の記憶と照合したり，次の動きを予測したりします。学習とは，そうした経験を積み重ね，整理していく作業です。

　図1-3に示されるとおり，LDにはなんらかの中枢神経系（CNS）の機能障害があると推定するわけですが，それは認知（情報処理）過程に特異な障害となって現れます。LD児が幼いとき，他の子どもと違った視覚や聴覚，あるいは触覚などにある種の敏感さや鈍感さを示しやすいのは，こうしたことのサインといわれます。学齢に達すると，そのことが基礎的な学習能力の特異的な習得困難となって顕在化し，現実には国語や算数などの教科的な学力の特異的な学習困難として私たちの目には映ります。

　LD児の指導にあたっては，一般の学習遅進児に用いる指導法とは別の，LDの特異な認知面に配慮した指導，つまりLDに特化した教科の指導が有効といわれます。その前提となる診断においても，彼らの認知面の心理査定は学力面の査定とともに最重要課題となっています。つまり個別的な知能検査（認知検査）などによる心理学的なアセスメントと評価が欠かせないわけで，知的発達水準の把握と同時に，特異な認知（情報処理）過程の発達的特徴（偏り）の状態を明らかにすることによって，LDの認知特性を考慮した指導プログラムを作成することが可能に

◉表1-1　LD児のスクリーニング尺度

「読む」
・初めて出てきた語や，普段あまり使わない語などを読み間違える。
・音読する際，形態的に似た文字を読み間違える（「入」→「人」など）。
・漢字がなかなか覚えられない。
・意味的に関連のある漢字と読み誤る（「町」を「むら」，「入る」を「でる」と読む，など）。

「書く」
・読みにくい字を書く。
・独特の筆順で書く。
・漢字を書く際，上下や左右が入れ替わったり，細かい部分を書き誤ったりする。
・意味的に関連のある漢字と書き誤る（「町」を「村」，「入る」を「出る」と書く，など）。
・文字を写すことが困難である。
・作文を書く際，漢字をあまり使わない。

＊LDI (learning disabilities inventory)：LDの学習困難状況をスクリーニングするための調査質問紙。現在，日本心理適性研究所において上野一彦らによって標準化中。

なるのです。

　ここで漢字の学習の場合に，LD児にみられる典型的な学習のつまずきを認知面との関連でみてみましょう。現在，開発中のLD児のスクリーニング尺度「LDI」*のなかから「読む」と「書く」の下位尺度における漢字に直接関係する項目をあげてみます（表1-1）。

　これらの項目のなかには，漢字だけでなく文字（ひらがな，カタカナ）全般，あるいは記号や図形などにも関係する場合もあります。情報処理過程という考え方からは，入力過程と出力過程，さらにその両者の間における中央処理過程と分けることができます。記憶でいえば，記銘（覚える），保持（覚えておく・心に留める），再生（思い出す），あるいは再認（覚えている内容との照合）と再生（覚えている内容の再現）という分け方もできます。

　また，視覚的な弁別や認知能力だけでなく，ことばを聞いてもその漢字が想起できないといった場合には聴覚的な認知とも関係するわけで，子どもの学習過程はじつにさまざまな認知的要素から成り立っているのです。

　LD児の学習のつまずきや学びにくさの分析から，認知過程のどの部分が関係しているのかを明らかにすることができれば，その子どもの学びやすい教え方で教えるということも可能になります。LDの子どもがもつそれぞれの特徴（個性）を理解し，それによって彼らに生じやすい不利さをできるだけ少なくする配慮は，人間の個性を認め，その個性にあった教育をすることに通じます。

　LD児のさまざまな学習のつまずきやすさのなかから，「漢字」という，日本語の最も日本語らしい要素を取り上げることは，まさにLDを認知という面から理解し，その最も不利を被りやすい学習面に対して適切な教育支援をすることにほかなりません。それはわが国におけるLD児指導の重要，かつ基礎的領域のひとつといえるのです。

コラム1　LD児の定義とタイプ

　学習障害に関連する用語は，小児精神神経学の分野で用いられてきました。1960年代初頭におけるディスレクシア（読字障害）や微細脳損傷（MBD）という特異的な認知・行動面の障害に関する研究が，今日の医学上の「学習障害」概念へとつながっています。教育においては，アメリカのカーク（Kirk, S.）が，学習障害（learning disabilities）という用語を1963年に初めて用いました。

　ここでは，わが国で用いられている学習障害の定義を医学と教育とに分けて概観しましょう。その後，学習障害の分類のいくつかについて紹介します。

1　学習障害の定義

(1) 医学上の学習障害概念

　今日，医学における精神疾患や発達障害の診断と分類は，世界保健機関（WHO）が定める「国際疾病分類第10版（ICD-10）」と，アメリカ精神医学会が編集する「精神疾患の診断・統計マニュアル第4版（DSM-Ⅳ）」によって行われています。

　「学習障害（learning disabilities）」という医学的な診断名は，ICD-10，DSM-Ⅳのどちらにも存在しません。これと最も関係の深い障害は，ICD-10では「学力（学習能力）の特異的発達障害（specific developmental disorders of scholastic skills）」，DSM-Ⅳでは「学習障害（learning disorders）」です（DSM-Ⅳでは，日本語訳は「学習障害」ですが，英語表記はlearning disabilitiesと異なることに注意してください）。

　それぞれの分類をみると，ICD-10では，特異的読字障害，特異的計算能力障害，特異的書字障害，混合性学習能力障害，その他の学習障害，特定されない学習障害に分類されています。一方，DSM-Ⅳでは読字障害，算数障害，書字表出障害，特定不能の学習障害に分類されています。いずれも，視力や聴力などの感覚障害や教育歴の問題がないにもかかわらず，知的能力から期待される読み，書き，算数（計算）の学業成績に著しい遅れを示すものを「学習障害」と診断しています。後述する教育上の定義と比べると，かなり狭い範囲の障害を「学習障害」とみなしています。

(2) 教育上の学習障害概念

　一方，教育における学習障害定義は，「学習障害及びこれに類似する学習上の困難を有する児童生徒の指導方法に関する調査協力者会議（主査：山口薫）」によって1999年に作成された文部省（現在の文部科学省）定義です。「最終報告」では学習障害の「定義」とその「解説」が示されました。その定義を

コラム1　LD児の定義とタイプ

みてみましょう。

　学習障害とは，基本的には全般的な知的発達に遅れはないが，聞く，話す，読む，書く，計算する，または推論する能力のうち，特定のものの習得と使用に著しい困難を示すさまざまな状態をさすものである。

　学習障害は，その原因として，中枢神経系になんらかの機能障害があると推定されるが，視覚障害，聴覚障害，知的障害，情緒障害などの障害や，環境的な要因が直接の原因となるものではない。

　さらに「解説」では，主症状ではない行動の自己調整（注意集中や多動），対人関係などの社会適応性，運動・動作の問題についてふれています。これらが一時的に学習障害と重複して表れる場合と，学習上の困難の結果，二次的に生じる場合があることが記載されています。
　この定義を理解する際のポイントとしては，4点あげられます。
　第1に，基本的に知的障害と学習障害は区分される概念だということです。しかし，典型的な学習障害の症状をもつ場合は，その境界での重複について否定しません。
　第2に，発達障害としての中枢神経系の機能障害を背景にみとめ，環境要因によるものではないことを明らかにしたことです。しかし，一方で，学力とことばの困難に伴って，社会性や情緒の問題などといった二次障害が引き起こされる可能性があることには注意が必要です。
　第3に，学習障害の主症状（中核症状）は，「聞く，話す，読む，書く，計算する，推論する能力の困難さ」であるということです。これは，「読み，書き，計算（推論）」という学力の困難だけに限定する医学的定義と比べて，聞く，話すといったことば・コミュニケーションの困難まで含めており，幅広い概念とみなすことができます。
　第4に，「定義」では学習障害の主症状からはずされていますが，「運動・動作の困難」「行動の自己調整の困難」「社会的適応性の重複可能性」が「解説」では指摘されていることです。単なる学力とことばの困難だけではなく，運動・動作，行動の自己調整，社会的適応性の困難まで視野に入れながら，学習障害の問題を考えていくことの必要性が示唆されています。

(3) **学習障害概念のまとめ**
　以上みてきたように，わが国では医学と教育という2つの領域で学習障害が

対象となっています。医学では，かなり狭い範囲の学力の困難のみを「学習障害」と診断します。一方，教育での「定義」によれば，学習障害の主症状は学力とことばの困難です。重複症状として社会性の困難，運動の困難，注意集中・多動による困難があげられ，これらの困難克服の支援もたいせつな視点です。

2　学習障害の類型

　学習障害はしばしばいくつかのタイプに類型されます。類型は，実態に応じた効果的な手だてを考え，実行することに役立ちます。ここでは，困難を示す行動による類型と情報処理特性による類型を紹介しましょう。

　まず，学習障害児の行動上の困難に注目した分類をみましょう。表A-1は，行動上の困難による類型を示しました（上野，1996；上野ら，2001）。これは，学力とことばの困難，社会性の困難，運動の困難，注意集中・多動による困難という類型です。尾崎ら（2000）は，知覚や認知の特徴を基にした類型を提案しています。聴覚知覚の困難（短期記憶の困難含む），視知覚の困難（空間認知の困難含む），社会的知覚の困難，身体知覚の困難という4つの類型です（表A-2）。

　一方，情報処理特性による類型として，表A-3があります。これは，情報処理過程の機能不全に基づく類型です（上野，1996）。WISC知能検査の成績によって分類されます。言語性学習障害は，音やことばの聞き分けと理解，言語表現などの聴覚的側面での問題があり，言語性IQが動作性IQよりも明瞭に低いタイプです。非言語性学習障害は，形や位置などの視覚的理解（視覚情報処理）が困難

●表A-1　行動上の困難による類型（上野，1996；上野・牟田・小貫，2001を基に作成）

分　類	特　徴
学力の困難（主症状）	読み，書き，算数（数学）にみられる特異な学習能力の困難
ことばの困難（主症状）	聞く，話すなどのコミュニケーション能力にみられる困難
社会性の困難	ソーシャル・スキル，社会的認知能力にみられる困難
運動の困難	協応運動，運動企画能力にみられる運動面の困難
注意集中・多動による困難	注意の集中，持続力の障害・多動（多弁）などの行動上の問題

●表A-2　知覚・認知の特徴に基づく類型（尾崎ら，2000を基に作成）

分　類	特　徴
聴覚知覚の困難	がやがやした場面で話を聞いたり，たくさんの声の中から先生の話し声を聞き分ける力に弱さがみられる 短期記憶の弱さが加わることがある
視知覚の困難	目に入る多くの情報の中から，今一番必要なものに注目する力が弱い 空間（ものの位置関係）の認知がうまくいかない
社会的知覚の困難	社会の中における自分と周囲の人や状況などの関係をとらえるのが苦手である 対人関係に影響するため，友だちとのトラブルが多くなることもある ソーシャル・スキルがなかなか身につきにくい
身体知覚の困難	体全体を使う動きをするとき，どのように体を動かせばよいのかわからない 姿勢のコントロールやバランスをとることが苦手である 指を使う細かい動きが苦手である

コラム1　LD児の定義とタイプ

で，動作性IQが言語性IQよりも明瞭に低いタイプです。注意・記憶性言語障害は注意集中や短期記憶に問題をもつタイプで，言語性学習障害や非言語性学習障害と重複すると学習面での困難が重くなります。包括性学習障害は，特定の能力に一貫した落ち込みがあるのではなく，部分的な落ち込みが重複してみられるタイプです。

学習障害の類型は，事例報告を参考にして，指導を実践する場合にも役立ちます。しかし，すべての学習障害児が，どこかのタイプに該当するわけではありません。また，複数のタイプが重複する場合もあることにも注意してください。あくまでも類型は，全体的な傾向を把握するうえでの手がかりであることに留意することが必要です。

◎表 A-3　学習障害児の情報処理特性による4つの類型　(上野，1996を基に作成)

分類	特徴
言語性	音やことばの聞き分けと理解，言語表現などの聴覚的な言語面でも問題をもつ。学習面では文章の読解や作文に困難を示すことが多い。言語性IQが動作性IQに比べて著しく低い。
非言語性	形や位置関係，状況など視覚的に理解することが苦手で，それに伴った運動や行動面の問題も大きい。学習面では算数の量や図形の概念の習得などがむずかしいことが多い。動作性IQが言語性IQに比べて著しく低い。
注意・記憶性	注意集中力や短期記憶能力に問題をもつ。言語性学習障害や非言語性学習障害と重複することもある。学力の習得が記憶に頼る部分も大きいため，学力全般にわたって遅れやすい。
包括性	特定の能力に一貫した落ち込みがあるのではなく，いくつかの部分的な欠陥が重複して現れる。特徴を理解しにくく適切な対応が得られにくい。学力面・行動面ともに深刻な問題をもつケースが多い。

2章　LD児の漢字の書字困難と発達支援

　LD児の子どもたちは，漢字を書くことが苦手です。その苦手の内容は子どもによっていろいろです。書くことには，漢字の読みや形に関する記憶，書くときのイメージなど，さまざまな情報処理がかかわっています。このような情報処理のはたらきに偏りがある場合に，書くことがむずかしくなるということが，研究によってわかってきました。また書字の指導を行うことで，着実に変化することも明らかになってきました。
　本章では，LD児の書字の特徴とともに，その改善を図るための支援について述べていきます。

1 事例にみられる特徴

はじめに，LD児の漢字のようすについてみてみましょう。

ここでは，通級学級やLD指導会で指導を受けている子どもたち40人について述べます（石井・小池，2002）。子どもたちはさまざまな困難を示します（**コラム1参照**）。ここでは，発達アセスメントとしてK-ABC検査を行いました。K-ABC検査（**コラム2参照**）では，習得度と認知処理過程とを分けて評価します。対象とした子どもたちでは，習得度尺度，認知処理尺度ともに，平均90でした。書字のようすは，在籍学年より1学年下の学習漢字40字について，読み，意味，書字を評価しました。

① わかる，読めるのに書けない

読みの正答率（**図2-1a**）についてみると，80～100%の正答率を示す子どもは，全体の77%います。しかし，正答率が40%以下の子どもが約13%いるのも事実です。

意味理解の正答率（**図2-1b**）については，80～100%の正答率を示す子どもは全体の93%います。

このように，1学年下の漢字ならば，多くの子どもは，意味を理解していることがわかります。読みについては，多くの子どもは読むことができますが，読みに困難を示す子どももいます。

書字の結果（**図2-1c**）についてみると，80～100%の正答率を示した子どもは，全体の25%と少ない数字です。とくに，正答率が0～20%の子どもは全体の32%おり，1学年下の漢字を書字できないことがわかります。誤った書字の内容を調べたところ，空白だった個所は全体の35%，比較的軽度の誤り（1，2画の過不足）が平均13%，それ以外の部首や異字などの大きな誤りが平均5%でした。また，筆順の誤りの平均は59%でした。

上の結果から，多くのLD児は，1学年下の漢字の意味を理解できるのですが，読むことに困難を示す子どももおり，それ以上に，書くことに困難を示す子どもがいることがわかります。約3割の子どもは，1学年下の漢字の20%程度しか書くことができませんでした。とくに，誤りの内容の多くが，「空白」であることから，子どもたちにとってきびし

い状況であることがわかります。

　大人でも，読めて，意味が理解できるのに，書けない漢字はあるものですが，それらはたいてい複雑な漢字です。ですから，大人にとって，子どもたちの書字のようすは奇異に思えるのです。しかし，子どもは書字を獲得する段階の途中にいるのだ，と考えると，彼らの状況を理解することができます。

　大人は，書字をするうえでの手がかり（字の形，読み，筆順など）を，部分的にでも記憶しているものです。書けないと思う字でも，部分的な手がかりを思い出しながら書けてしまうこともあります。子どもたちは，そのような記憶をまだ獲得していないので，一見やさしそうな漢字でも，まったく書けないということが起こってくるのです。

　わかる字がうまく書けないということは，子どもにストレスや無力感をもたらします。現代社会では，ワープロを使うことで不便は減っていますが，「書けない」ということのストレスを軽くしてやることはたいせつです。

　筆者らは，漢字の個別指導に工夫をしてきました。そのなかで，子どもの書字段階と，情報処理の偏りの双方を考慮した書字指導が効果的なことがわかってきたのです。

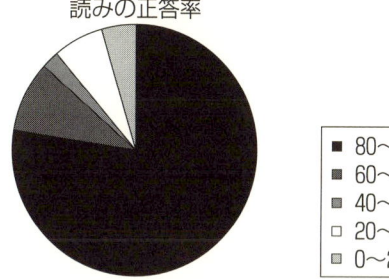

◉図2-1a　LD児における読みの正答率

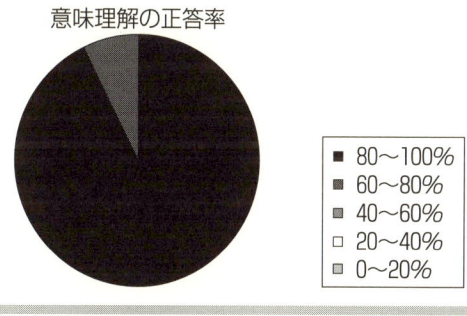

◉図2-1b　LD児における意味理解の正答率

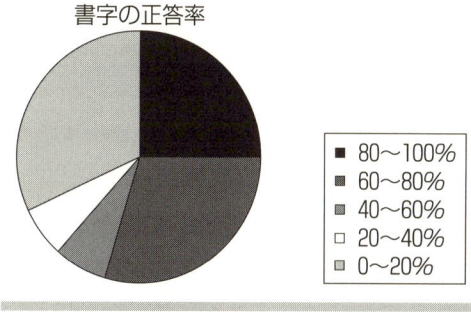

◉図2-1c　LD児における漢字書字の正答率

② 代表的な事例から

　代表的な事例をみながら，そのことについて述べていきましょう。

　事例Aは，小学校4年生の元気な男子です。好きな教科は，理科と社会です。算数も好きです。彼は，漢字を読めて，意味を理解できますが，書くことがきわめて困難です。その点で代表的事例として登場してもらうことにします。

　まず，彼の情報処理の偏りをみてみましょう。情報処理の偏りは，K-ABCという検査で評価することにしました。

図2-2はK-ABCの結果を示しています。彼の習得度は120で，平均的な力より高いことがわかります。認知処理過程には，継次処理尺度と同時処理尺度があります。彼の値はそれぞれ85と110を示しています。遅れがみられない値は85以上ですので，全体としては平均的な力をもっていることがわかります。

認知処理過程の下位検査についてはどうでしょうか。多くの下位検査の値は10以上を示していますが，「手の動作」「数唱」「語の配列」は8でした。「模様の構成」や「絵の統合」と比べると，相対的に低い評価点となっています。

では，彼の漢字書字の特徴をみてみましょう。

図2-3は，彼の指導前の漢字の評価を示したものです。3年生の漢字について，読みの正答率は100％でした。また意味理解の正答率は95％でした。このことから，彼はほとんどの字を読むことができ，その意味を理解していることがわかります。しかし，書字の正答率は7％でした．現在4年生ですから，彼にとって，書字に関することはかなり苦手だということになります。

図2-4に，書字した結果の一例を示しました。書けない漢字をみると，形の類似した異字を書いていることがわかります。つまり似ている字を書こうとしているのがわかります。

図2-3には，書字できなかった漢字の構成課題の結果も示しました。ここでは，印刷した漢字をカードにして，それをブロックごとに切り分けました。子どもに対しては漢字を教示し，ブロックを組みあわせて構成するように教示します。結果の図から，構成課題にすると，きわめて高い正答率を示すことがわかります。このことは，自分で字として書く

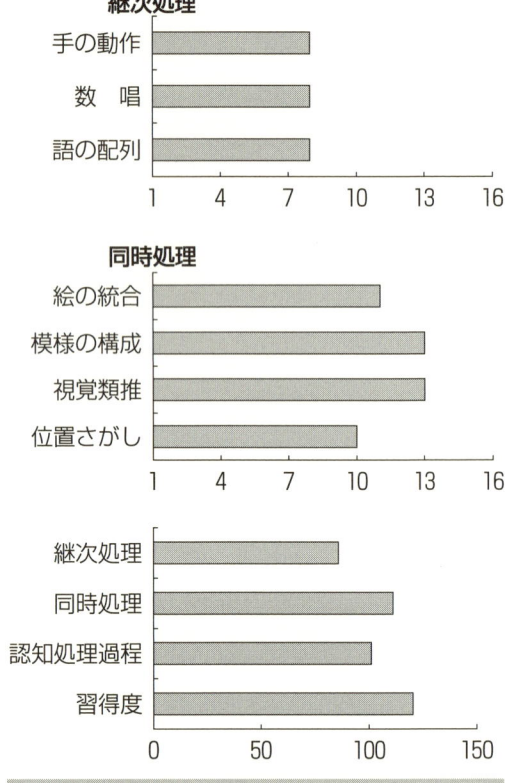

◉図2-2 事例AのK-ABCの結果

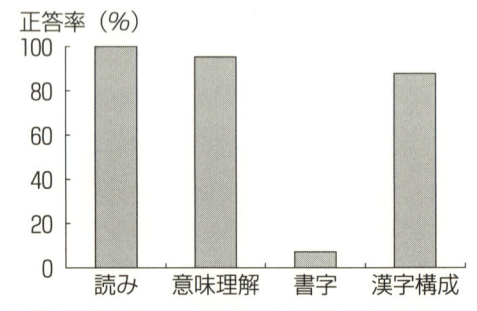

◉図2-3 事例Aの漢字の評価結果（指導前）

ことはできないのですが，漢字の形は，記憶しており，記憶に従ってブロックを組み立てることはできることを意味しています。

日常生活ではブロックを組み合せて字をつくることはないので，書字困難は変わりません。実際は，漢字の形の記憶は有しており，書字できないだけなのです。

③ 事例の指導経過

次に，彼の指導経過について述べましょう。

彼は，お母さんといっしょに研究室を訪れました。そこで，指導を開始することにしました。指導の基本は，「毎日，少しずつ」と「子どもと同意して」です。

図2-5は，指導経過に伴う正答率の変化を示しています。指導を4回行ったあとの評価4では，正答率は約40％ですが，評価5と評価6では約70％の正答率を示しています。

図2-6は，1回から6回の評価の結果を示しています。評価の間隔は3～4週間で，その間にホームワークとして，書字プリント（図3-17，p.54参照）を自宅で行ってもらいました。陰影の個所は，その漢字の指導を行った期間を表しています。

上段は1回目に指導を行った漢字を示しています（横・板）。このときは冬休みでしたので，指導した漢字の数は多くなりました。一部の字に限られますが，1回の指導で獲得されたことがわかります。

中段に2，3回目の指導を行った漢字

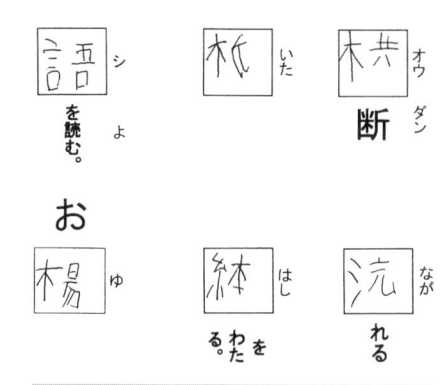

●図2-4　事例Aの書字（指導前）

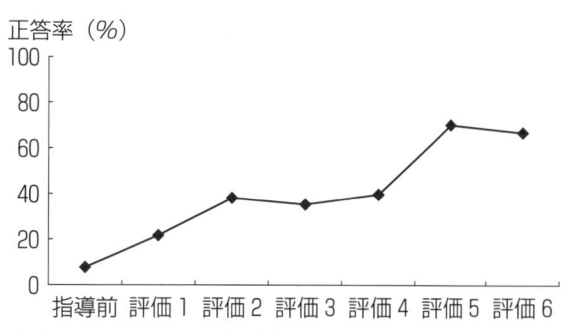

●図2-5　事例Aの正答率の変化

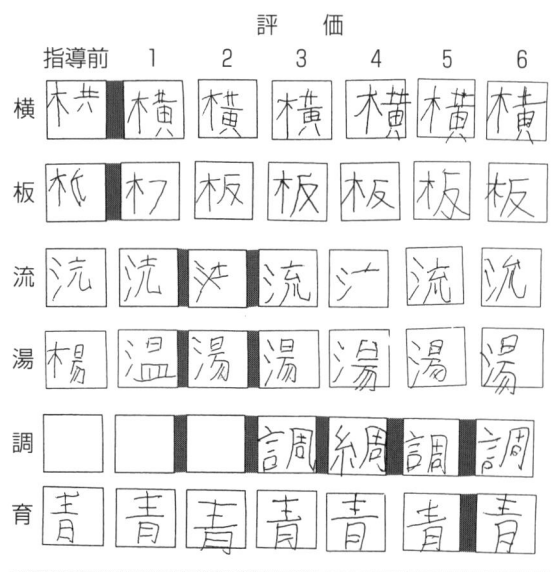

●図2-6　事例Aの書字の変化
指導を行った時点は，陰影で示しました。

を示しています（流・湯・調）。新しく定着した字があることがわかります。また，なかなか獲得がむずかしい字があることもわかります。定着しやすい字としては，「さんずい」や「きへん」などがあるようです。

　とくに注意を引くのは，5回まで指導を受けなかった字（最下段・育）です。誤字の形は，1回から5回の評価でよく似ています。このことから，書けない字について，記憶がないわけではなく，誤字が記憶されていたことがわかります。

　5回目の指導で，3年生の漢字30字を獲得することができました。4年生の漢字については，正答率は低いのが現状です。この学年の漢字の獲得が次の課題になるでしょう。

　しかし彼は，書字に自信を深め，学校での書字練習に取り組めることを報告してくれました。その理由として，練習に見通しをもてるようになったからだといっています。

　学習の経過をそばで見ていたお母さんがまとめてくれたエピソードを紹介しましょう（図2-7）。「書く」練習に見通しをもてることで，生活にも変化が起きているようすがわかります。

　このように，情報処理の偏りが強い子どもで，書字の困難がみられますが，本書字教材は一定の効果をもつことがわかってきました（効果のプロセスは，子どもによって同じではありません。このほかの事例をコラム3に示しました）。ただ，このような書字困難がどのようにして生じるのか，まだ十分に明らかにされてはいないのです。

　K-ABCの下位検査は，情報処理の特性を反映しています。このことからK-ABCの下位検査を考慮することで，誤書字が起こる背景を推測することが可能です。

　次に，子どもたちの書字困難が生じる背景について考えていきましょう。

2　書字困難と発達支援

①　K-ABCの下位検査

　まず，K-ABCの下位検査が，どのような情報処理を反映しているかを考えてみることにします。

　K-ABCの認知処理の下位検査には，7種の課題があります。そのな

2 書字困難と発達支援

「書字プリント」をやってみて

　現在小学4年生の息子は、1年生で初めて文字を習った時から、ひらがな・漢字共に文字を書く事が大変苦手でした。
　入学前に、特に文字の練習をさせていなかったので、事前に勉強している子とは開きがあっても仕方ないと思い、あまり気にしませんでした。
　しかし、時間が経過してもなかなか覚えられず、本人も大変苦痛に思っている様子でしたので、「単に苦手という事だけではないのかも」と思うようになりました。
　その頃の息子は文字が苦手という事が大変劣等感となり、通常の生活でも積極性に欠け、常に人と自分を比較して精神的に不安定な状態でした。
　私は書籍やインターネット等で情報を集め、「書字障害」というものがある事を知りました。そして、児童相談所を訪れ検査や相談を致しました。
　児童相談所へ通う事は、本人の精神的ケアには有効的でしたが、実際に苦手な文字について出来るようになる訳ではないので、その部分についての劣等感は拭えないものがありました。
　この度、機会あり「書字プリント」をやってみる事で、本当の意味で本人の本来の明るさが取り戻されたと思います。
　自分が出来ないと思い、気にしないようにしながらも心に陰を落としていた「文字」に対する気持ちも「イヤだ」から「出来るようになると結構楽しい」に変わってきました。
　息子の性格的特徴として、すぐに忘れてしまったり、イヤな事を後回しにするというのがありますが、「書字プリント」については親が驚く程自分から進んでやろうという気持ちが現れています。
　きっと、「これをやった後には違う自分がいる」と思えるのでしょう。
　昨年の冬休みの前から「書字プリント」を始め、冬休みも毎日続けました。
　以前は書く事全てが嫌いで嫌悪感が先に立っていたのに、冬休みの宿題の書初めも、「上手く書けたと思うからコンテストに応募する。」と言いました。私は驚きと感激で一杯でした。
　そして、始業式から数日たったある日、学校からとても元気に帰ってきて、「おかあさん！！俺凄い事に気が付いたんだよ～。冬休み前と後の連絡帳の字を比べてみると、全然違う。」と嬉しそうに話しました。

　私は息子に、「人と同じ事が必ずしも良いとは限らないよ。」と常に言っていましたが、「子供はわかった。」といいながらやはり小さな胸を痛めていた事を改めて実感しました。
　これからは、より子供に近い目線で、目の前の子供が何を思い、何を感じているかを知り、その状況に合った適切な環境を作ることが大切であると私自身も大変勉強になり、反省致しました。
　私に関しましては、「書字プリント」は単に漢字の練習帳ではなく、子供のありのままの姿を理解する事にも大変役立ち、親子の絆もより強いものになったと実感しております。

図 2-7　事例Aのお母さんの感想
イラストは，お母さんが作画し，添付してくださったものです。

かで，漢字書字に関連した下位検査として次の3つの群を考えることができます（図2-8）（石井・小池，2002）。課題の内容は，表2-1に示しました。

はじめに音声単語の記憶に関連した課題についてみてみましょう。「数唱」と「語の配列」がこれに相当します。「数唱」と「語の配列」の評価点が低い場合には，漢字の読み方の記憶がむずかしくなります。また漢字の意味を学習する際，聞いて記憶することが多いため，単語の記憶に困難が生じることが予想されます。

次の群は，形の特徴を視覚的に把握することに関連した課題です。これには，「模様の構成」と「絵の統合」が含まれます。これらの課題の評価点が低い場合には，漢字の形の特徴を把握することがむずかしくなることが予想されます。

最後の群は，視覚的運動や位置の記憶と関連した課題です。これには，「手の動作」「位置さがし」が含まれます。「手の動作」は，順次提示される手の形を記憶する課題です。また「位置さがし」は，紙の上の位置を再生する課題です。これらの課題は，筆順に従った書字運動の記憶に関連することが考えられます。

② K-ABCの下位検査評価点と誤字の特徴

図2-9は，4人の子ども（事例B～E）のK-ABCの下位検査の評価点と漢字の特徴を示したものです。

事例Bは，事例A（図2-2）と同様，継次処理の課題とともに「位置さがし」が相対的に低く，視覚的運動の記憶や位置の記憶がむずかしいようすがみられました。ともに，形の似た誤字が多いことがわかります。

事例Cと事例Dでは，「位置さがし」や「模様の構成」が相対的に低く，同時処理が低い特徴がみられます。事例Cは意味の似た誤字が多いことが，事例Dは形の似た誤字が多いことが指摘できます。

事例Eは，認知処理過程，習得度ともに標準得点が70を示しました。この事例では，読みが似た誤字を書いています。

このように，情報処理の特性と誤字の特徴との間には一定の関係がみられます（事例Aと事例B）が，同じ処理の特性でも誤字の特徴が違う場合があるようです（事例Cと事例D）。

2 書字困難と発達支援

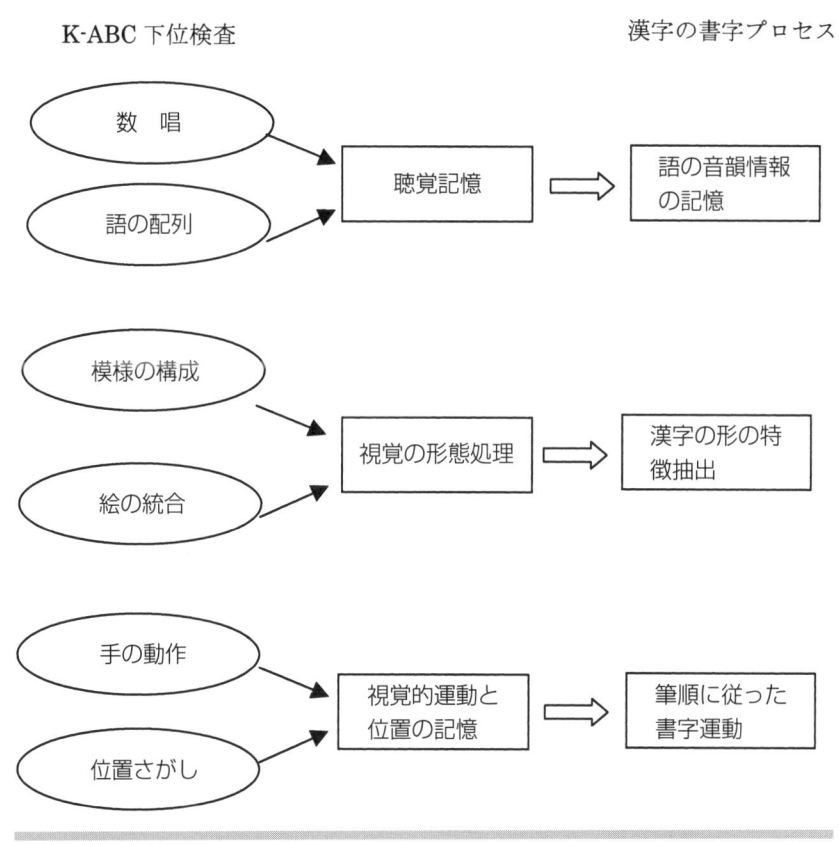

◎図2-8　K-ABCの下位検査と漢字書字に関する仮説的機能関係

◎表2-1　K-ABCの下位検査の内容

ここでは，4歳以上を対象とした下位検査について，カウフマンら（Kaufman, 1983）の記述に基づき整理しました。

検査名	課題の内容
継次処理課題	
手の動作	テーブルの上で検査者によって提示された一連の手の動作（げんこつ，手のひら，手刀）を正確な順序で再生する能力を評価する
数　唱	検査者が読み上げる数を復唱する能力を測る
語の配列	検査者が物の名前を読み上げ，子どもが影絵で描かれた選択肢の中から，読み上げられたものを順番通りに指さす能力を測る
同時処理課題	
絵の統合	不完全なインクブロット絵のすきまを（心理的に）埋め，その絵の名前を言うか説明する能力を測定する
模様の構成	数個のまったく同じ形の三角形（片面が青，反対が黄色）を使って，抽象的な模様の絵と同じ物を作る能力を測定する
視覚類推	「AにはBのとき，Cには？」という視覚類推を完成させるために，適切な絵や模様を選ぶ能力を測定する
位置さがし	無作為に配置された絵の場所を再生する能力を測定する

2章　LD児の漢字の書字困難と発達支援

事例B

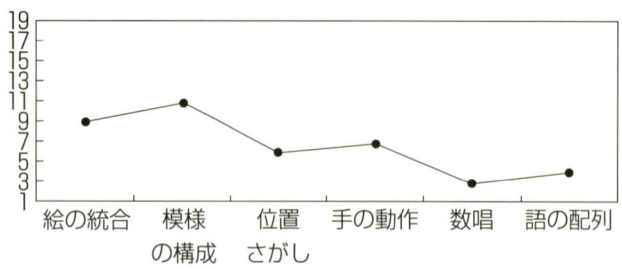
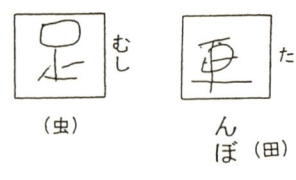

事例C

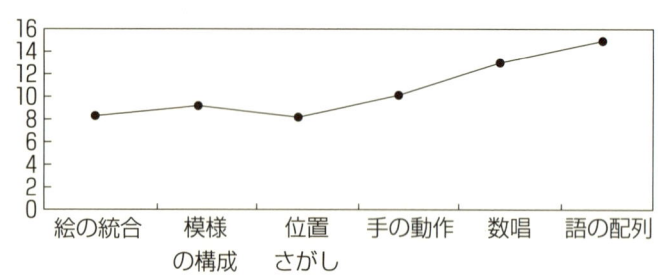
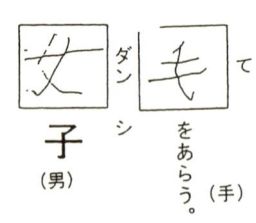

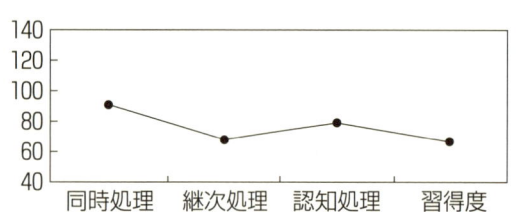
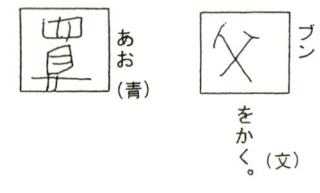

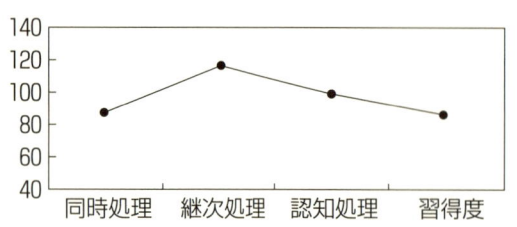
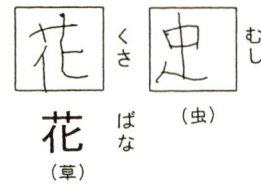

◉図2-9　代表的事例の漢字書字

2 書字困難と発達支援

事例D

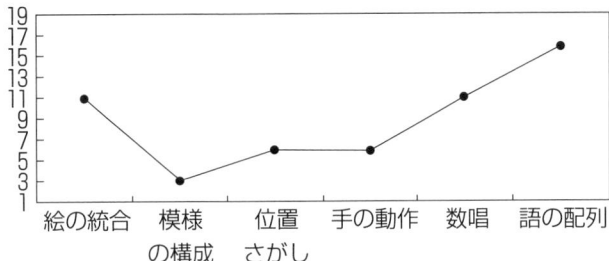

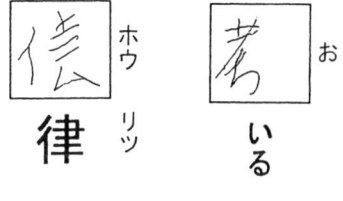

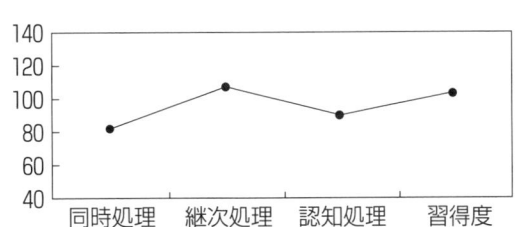

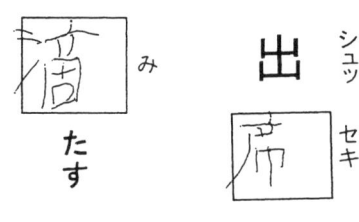

事例E

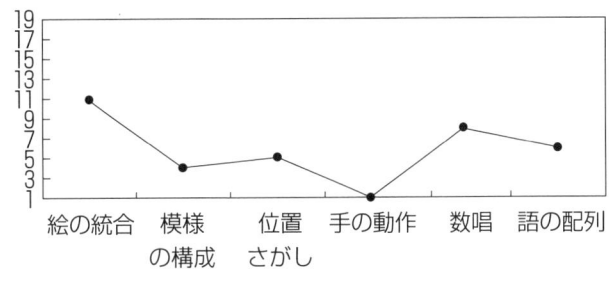

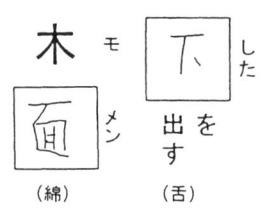

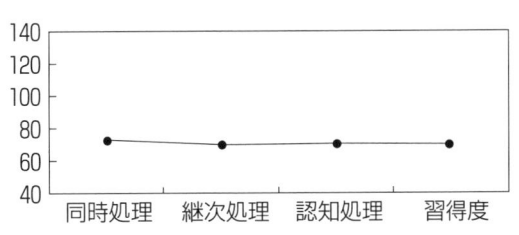

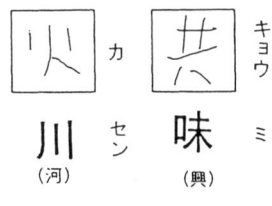

③ レキシコン形成と書字

　私たちは，脳の中に，意味と漢字に関する語彙（レキシコン，心の中の辞書という意味で心内辞書ともいう）をもっています。このレキシコンは，音声記憶が悪い場合に形成困難ですが，漢字の形の把握が悪くてもうまく形成できなくなります。情報処理のさまざまな原因によって，レキシコンの形成不全が生じます。漢字の誤書字は，このレキシコンの形成不全に関係があるのです。このことから，情報処理の偏りが強くとも，うまくレキシコンを形成することができれば，書字の改善を予想できます。情報処理の偏りがあるために，通常の学習環境ではレキシコンの形成がむずかしくなっているので，情報処理の偏りを考慮した教材によってレキシコンの形成を図ろうと考えるわけです。

　レキシコンと書字との関係については，書字の情報処理モデルを示すことによって整理することができます（図2-10，p.26参照）。

④ 漢字の発達段階と書字課題

　意味と漢字に関するレキシコンの形成を図るうえでは，書字の発達プロセスに沿った課題の配列が重要です。

　宮下（1989，2000）は，漢字学習のはじめに習得が望まれる漢字101字を提案し，基礎漢字とよびました。これらの漢字は，身近で具体的な物や動作に関連しており，象形文字を反映した側面が強いことを指摘しました。また，漢字の一画一画は，要素に分類できますが，宮下（1989，2000）は，10の要素を指摘しました。書字の学習に際して，要素の学習は，筆順の獲得に有効です。

　フリス（Frith, 1985）は，綴りの習得経過として3段階を設定しました（表2-2）。フリス（1985）の段階を基にして，漢字に関する発達段階を考えてみましょう。

　はじめに，一定の形として漢字を学習する段階（ロゴ段階）があります。

◉表2-2　綴りの発達経過 (Frith, 1985)

段階名	特　徴
ロゴ段階	形として文字を理解し，書く
アルファベット段階	音と綴りとの対応が可能になり，それに基づいて書く
正書法段階	英単語に特有の音と綴りの対応を習得し，書く

ついで，具体的な意味をもち，事物や操作に関係する基礎的漢字を獲得する段階（基礎的漢字の段階）が続きます。

　ついで，漢字の拡張が生じる段階（漢字の拡張段階）がこれに続きます。

　小学校で学ぶ漢字は約1,000字ありますので，漢字の発達段階に即して，課題を組み立てることが必要になります。

⑤　筆順のレキシコン

　筆順のレキシコンの形成については，重要な知見が知られています。それは「漢字の記憶においては，運動感覚的成分が重要な役割を果たす」という知見です。佐々木と渡辺（1983）は，漢字を要素に分解し，要素を順次提示したあとに，どのような漢字であったかをたずねる課題を行いました。

　その際，対象者の行動を観察した結果，手指を用いて手のひらや空中に書字する動作（空書）を，ほとんどの者が行うことを明らかにしました。また，空書ができないようにした条件では，正答率が低下しました。このことから，漢字は，運動感覚的成分を伴って記憶されていると，彼らは考察しました。

　安定した筆順の書字がむずかしい場合には，レキシコンの形成がいっそう困難になります。このことから，安定した筆順での書字を可能にする教材を用いて，レキシコンの再形成を図ることは，学習支援の中心になるといえます。

2章 LD児の漢字の書字困難と発達支援

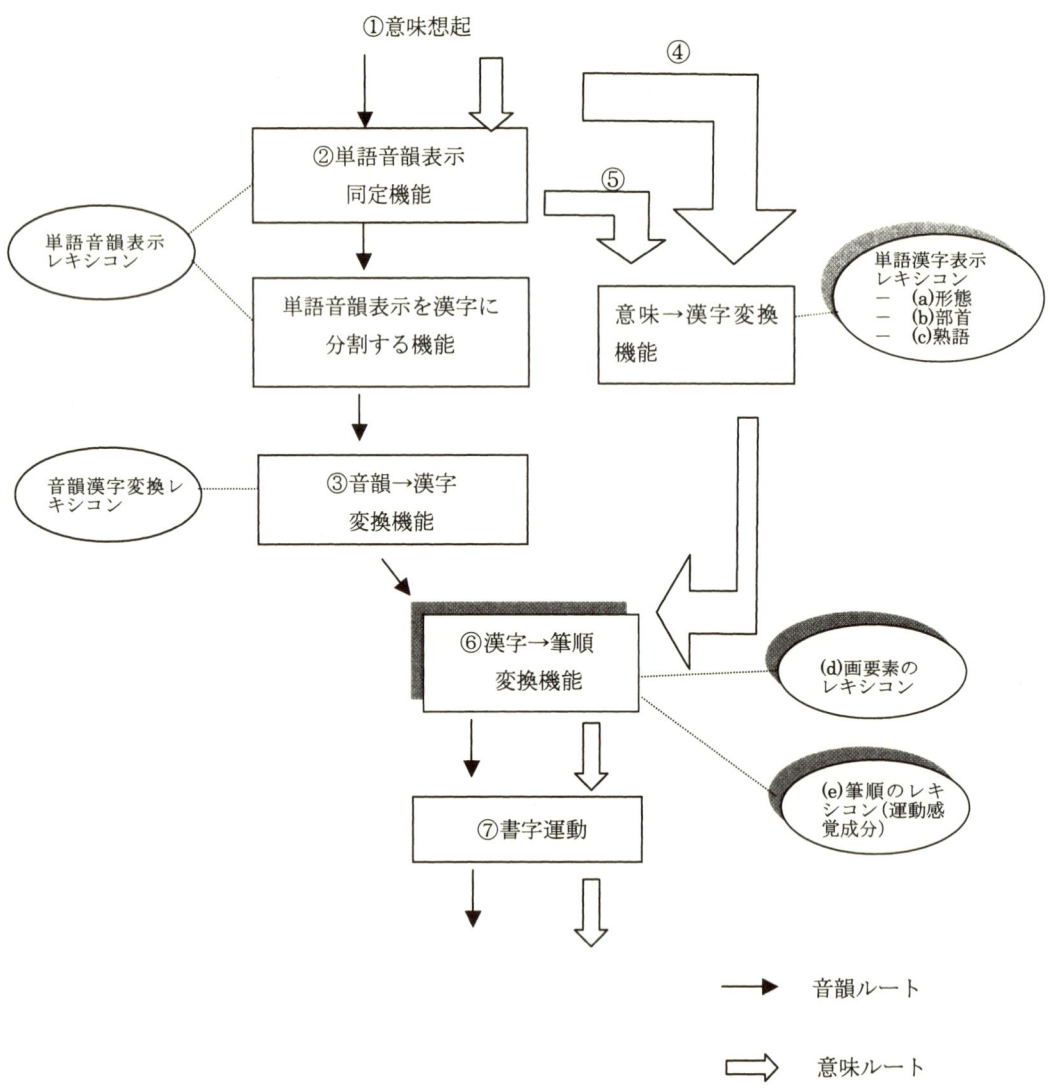

◉図2-10 漢字書字の情報処理モデル（石井ら，2001）

この図は，大石（1988）のモデルを参考に，レキシコンの内容と，漢字―筆順変換機能を加え（陰影の部分），作成したモデルです。実線は音韻ルート，白矢印は意味ルートを示しています。

　漢字書字の音韻ルートとは，漢字の意味に関係なく，音に従って書字する場合です（音韻が漢字に直接変換される場合で，「亜米利加」「大切」「野暮」「無茶」「世話」などのように，ことばの意味と漢字の意味の間に，関係がありません）。はじめに意味が想起されます①。ついで，意味から音韻が決められ②，音韻から漢字に変換されます③。

　音韻ルートで用いられる漢字のレキシコンとしては，音韻と漢字に関するレキシコンが想定できます。このレキシコンに形成不全がある場合や，意味ルートを利用できない場合には，同じ音韻をもつ漢字を誤って選択します（「木綿」を「木面」，「興味」を「共味」と書く）。

　漢字書字の意味ルートには，意味に基づいて，漢字が決まる場合④と，漢字の音韻が決められたあとに，漢字が決まる場合⑤があげられます。

　意味に基づいて，漢字が決まる場合④としては，「山」や「人」，「走る」のように，形態が具象的な漢字で，訓読みの漢字を書くときがあげられます。

　漢字の音韻が決められたあとに，漢字が決まる場合⑤としては，抽象的概念の漢字や和製漢語を書く場合です。はじめにその意味のもつ単語を音として想起し，ついで書字を行います。「電線」と「伝染」を区別して書く場合には，音韻とともに単語の意味に基づいて，構成する漢字を決める必要があり，音韻ルートとは異なります。

　意味に基づいて漢字に変換される段階のレキシコンは，検索が効率的になるように，多くの種類が関係していると推測できます。学習障害児の誤りの書字パターンを手がかりに考えると，以下の3種のものが少なくとも想定できます。

　第1として，漢字の形態的側面に関するレキシコン（a）です。大人であっても，通常使用しない，複雑な漢字を書いたりする場合に，全体の形態を手がかりにして書くことがあります。漢字の形態的側面についての記憶が形成され，必要に応じて想起されると考えられます。形態が類似した漢字を誤って書字する事例（「文」を「父」，「本」を「木」）がみられます。

　第2としては，部首に関するレキシコン（b）があげられます。部首は，漢字の意味と関連しているため，部首を手がかりとして記憶している漢字が多いことが指摘できます。このレキシコンが形成不全の場合には，部首の選択を誤って書字します。

　第3としては，熟語に関するレキシコン（c）があげられます。漢字は，熟語を形成することが多いですが，熟語のレキシコンが形成不全で，個々の漢字の関係が不確かな場合には，意味的に類似した漢字を誤って書字することが考えられます（「男」を「女」，「草」を「花」）。

　漢字が決められたあとに，漢字から筆順への変換⑥がなされて，書字運動⑦として出力されます。ここでは画を構成する要素のレキシコン（d）と，筆順に関するレキシコン（e）を想定できます。

　画要素や筆順のレキシコンの形成が悪く，安定した漢字の書字ができない場合には，単語漢字表示レキシコンの形成にも負の影響が生じます。これより子どもでは，画要素や筆順のレキシコンの形成は，単語漢字表示レキシコンの形成と，相互に密接な関係を有しています。

コラム2　心理教育的アセスメント

　子どもが抱えている困難とそれに対する支援の視点をはっきりさせ，具体的な手だてを講じるために，心理能力や認知特性を把握することを心理教育的アセスメントとよびます。知能検査には，ビネー系の検査（日本では田中ビネー知能検査が有名）がありますが，知能を構造的にとらえるWISC-ⅢとK-ABC検査が，アセスメントで用いられています。ここでは，WISC-ⅢとK-ABCについて述べます。

1　WISC-Ⅲ知能検査
(1) WISC-Ⅲの構成

　WISC-Ⅲ（Wechsler Intelligence Scale for Children-Third Edition）は，WISC-Rの改訂版で，日本では1998年に標準化されました（ウェクスラー，1998）。

　WISC-Ⅲは，言語性検査と動作性検査で構成されています。言語性検査は，検査者の口頭による言語教示を理解し，その問いに対してことばで答える検査です。動作性検査は，検査用具や検査者の動作によって課題の多くを理解でき，動作で答える課題です。言語の理解や表出が乏しくとも回答できる特徴があります。言語性検査から言語性IQ（VIQ），動作性検査から動作性IQ（PIQ），そして両者の合計から全検査IQ（Full IQ：FIQ）が算出されます。またIQのほかに，4つの群指数を求めることができます。言語理解（VC），知覚統合（PO），注意記憶（FD），処理速度（PS）です。

(2) 結果の解釈

　IQと群指数は，すべて平均100で標準偏差が15です。平均±1標準偏差の値（85～115）を示す人は全体の68.26％，平均±2標準偏差の値（70～130）を示す人は95.46％です。IQと群指数で値が70以下を示す場合には，特別な弱さが表れていると判断できます。

　各下位検査の粗点から評価点が換算されます。評価点は平均が10で，標準偏差が3です。

(3) LDとAD/HDをあわせもつ事例

　図B-1に，WISC-Ⅲの検査結果を例示しました。母親は，本児が歩き始めた1歳頃より多動がめだち始め，問題に気づきました。3歳健診のときにコミュニケーションがとりにくいと広汎性発達障害が疑われ，月に2回の親子教室に通いました。入学後，通常学級に在籍しましたが，授業にはついていけませんでした。「わからない，いやだ」という拒否的態度を示すようになり，3年次より，週2回，情緒障害学級での通級指導を受けました。服薬を開始し，多

動はやや落ち着いて離席はめだたなくなりました。

以上の経過から，本児はLDとAD/HD（注意欠陥・多動性障害）をあわせもつことが考えられます。検査結果（10歳11か月時点）は，言語性IQ52，動作性IQ80，全検査IQ62でした。全体の知的水準は，軽度知的障害の状態を示すといえます。VIQとPIQの差が28と著しく大きく，アンバランスが特徴的です。下位検査の評価点をみると，動作で答える検査（たとえば，符号や組み合わせ）は高く，ことばで答える検査（類似，算数，単語，理解）は低い値を示しています。群指数をみると，弱いのは言語理解（56）と注意記憶（59）であり，比較的強いのは知覚統合（80）でした。

2 K-ABC心理教育アセスメントバッテリー

(1) K-ABCの構成

言語性検査	評価点
知　識	8
類　似	1
算　数	1
単　語	1
理　解	1
（数　唱）	5

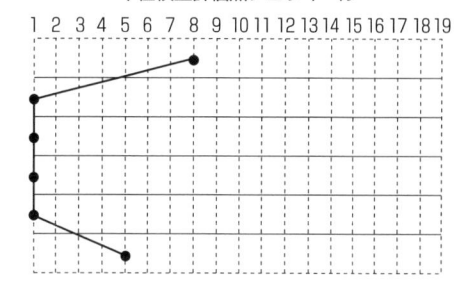

動作性検査	評価点
絵画完成	13
符　号	8
絵画配列	1
積木模様	5
組合せ	9
記号探し	2
（迷　路）	4

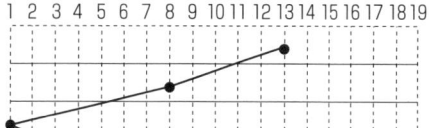

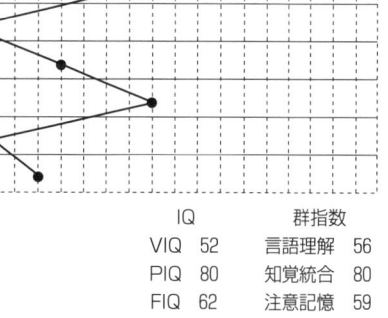

IQ		群指数	
VIQ	52	言語理解	56
PIQ	80	知覚統合	80
FIQ	62	注意記憶	59
		処理速度	72

●図B-1　WISC-Ⅲの検査結果の例

学習障害（LD）と注意欠陥・多動性障害（AD/HD）をあわせもつ事例のWISC-Ⅲの検査結果を示した。下位検査の評価点（SS）のプロフィールを描き，下段にIQと群指数を示した。

K-ABC（Kaufman Assessment Battery for Children）は，1983年にカウフマン夫妻によって開発され，日本版は1993年に標準化されました（松原ら，1993a，b）。K-ABCは知能を，問題解決にかかわる認知処理能力（認知処理過程尺度）と，学校教育や日常生活の経験によって習得された知識や技能（習得度尺度）とに分けて評価します。認知処理過程には継次処理と同時処理の2つの様式があり，優位な情報処理様式を明らかにできます。

継次処理とは，情報を時間的な順序をもって連続的に分析する処理様式を意味します。継次処理では，刺激の各要素を見渡すことができない条件で，刺激を順番に直線的に関係づけなければなりません。継次処理は，算数の基礎技能の知識（たとえば「繰り下がり」のような系列的な手続き），単語や綴り（書字），文字と音声のつながり（読み）など，日常的な学習技能の習得と密接に

コラム2　心理教育的アセスメント

関連しています。読み障害では，継次処理に弱さをもつことが知られています。

同時処理とは，多くの刺激を同時に空間的に統合し全体的にまとめる，あるいは，多くの刺激から共通の特徴を抽出する処理様式を意味します。同時処理は，複数の刺激を見渡すことができる条件で，各刺激を相互に並列的に関係づけなければなりません。文字や数字の形態の認知，視覚刺激の意味づけ，さまざまな情報の統合と密接に関連しています。

2つの処理様式の関係や水準を，日常的な場面を例に考えてみましょう。聴覚音声系の刺激は継次処理を主とし，視覚系の刺激は同時処理を主とすると考えがちですが，K-ABCでは，各感覚モダリティは両方の処理様式をもつと考えています。また，知覚レベル，記憶レベル，概念レベルの各水準で，2つの処理が経過すると考えられています（小林，1995）。たとえば，目を閉じて触覚によってその物が何であるかを判断するとき（知覚水準）に，その物の大きさにもよりますが，手のひらで表面や輪郭をたどって判断すること（継次処理）もあれば，手の中に握りこんで判断すること（同時処理）もあります。また，ある場所への行き方を覚えるときに（記憶水準），目印（ランドマーク）との位置関係を手がかりとして空間的位置に関する表象（同時処理による地図的知識，認知地図）を用います。また，ルート的知識（この角を右に曲がって，次を左に曲がって……のような継次処理による知識）を用いることもあり，両様式を適宜使い分けています。また，学習でつまずいたときに，順をおって丁寧に説明すると理解しやすい子どももいれば，問題を図示して考えるようアドバイスすると理解しやすい子どももいます。前者は継次処理を得意とし，後者は同時処理を得意とします。このように，人間は入力情報を2つの様式によって処理しており，その得意や不得意を把握しようとするのがK-ABCの基本的な考え方です。

(2) 結果の解釈

評価点は，同時処理と継次処理の下位検査について計算されます。評価点は平均が10で，標準偏差が3です。標準得点は，同時処理，継次処理，両者を合わせた認知処理過程，さらに習得度について算出されます。標準得点の平均は100で，標準偏差は15です。

K-ABCでは，4つの総合尺度間の差を有意差検定により評価できます。①継次処理と同時処理，②同時処理と習得度，③継次処理と習得度，④認知処理過程と習得度の4つの関係を個別に検定します。①をみることで，各処理様式に得意や不得意があるか検討できます。また，②と③より，習得された知識や

コラム2　心理教育的アセスメント

技能が，各処理の能力に見合ったものか検討できます。④より，知識・技能が認知処理全体の能力に見合ったものか判断できます。

尺度間の検定によって，得意とする認知処理様式が判明した場合，それを活かした指導の原則が指摘されています（表B-1）。

(3) LDとAD/HDを併せもつ事例

図B-2に，K-ABCの検査結果を例示しました。本事例は，さきにWISC-Ⅲで例示した子どもと同じです。継次処理尺度は62，同時処理尺度は99，認知処理尺度は80です。また習得度尺度は76です。結果より，認知処理能力は低位にあるが正常範囲内にあることがわかります。また1％水準で同時処理が継次処理より良好でした。あまり集中力や持続力を要せずに同時に複数の刺激を視知覚水準，記憶水準で処理することは得意（同時処理が良好）であると考えられます。

習得度尺度は76ですが，同時処理能力に見合った習得度にいたらず，不得意とする継次処理能力に見合った習得度でした（同時処理＞習得度，継次処理＝習得度）。現在にいたる学校でのようすから，適切な学習経験が蓄積されておらず，それが低い習得度に表れたと考えられます。得意とする同時処理を生かした学習環境を整備する必要があると考えられます。

●表B-1　得意な認知処理様式を生かした指導原則
（松原ら，1993bより作成）

継次処理優位の場合 （継次処理＞同時処理）	同時処理優位の場合 （継次処理＜同時処理）
・段階的な教え方 ・部分から全体へ ・順序性の重視 ・聴覚的/言語的手がかり ・時間的 ・分析的	・全体をふまえた教え方 ・全体から部分へ ・関連性の重視 ・視覚的/運動的手がかり ・空間的 ・統合的

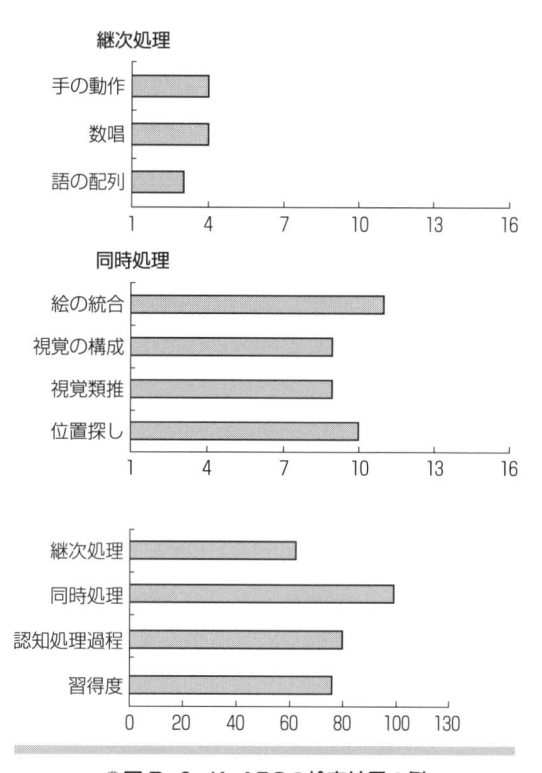

●図B-2　K-ABCの検査結果の例
図B-1の事例のK-ABC検査の結果を示した。

コラム3　書字指導の事例

　書字指導は，さまざまな場で行われています。ここで紹介する事例は，個別学習指導の事例（事例1），LD児の学習会での事例（事例2，3）です。あわせて，通級指導学級で教材を利用しての感想を，学級の先生に記述していただきました。

1　個別学習指導の事例

　事例1は，形や意味など多様な異字を書字した事例です。この事例は，図2-9で事例Dとして紹介されました。視覚の形態処理とともに視覚的運動と位置の記憶に困難を示すことがわかります。3週間に1回大学の研究室を訪れてもらい，漢字の習得状況の確認と，教材Ⅳで作成した書字教材による指導を行いました（指導は5年生で行いました）。教材で用いた漢字の一部は，テスト漢字と同じ文字としました。1回の指導は，4種の漢字について書字プリント（2枚構成），カテゴリ教材，合成・分解の課題を行ったので，30分ほどかかりました。

　図C-1は，指導前の評価と，10か月後の指導後の評価を示したものです。テスト漢字の総エラー率は0.6から0.1に著しく減少したことが指摘できます。特に筆順エラー率が0.4から0.25に減少したことが指摘できます。

　図C-2は，指導の前と後とで，同じ漢字の書字結果を示したものです。指導前では，「健」のように，部首の配置の誤りがありましたが，指導後，安定

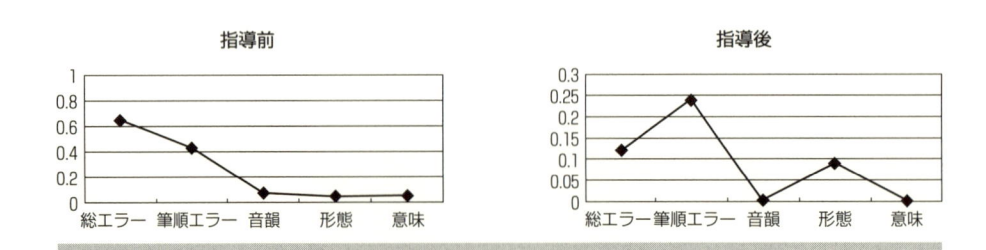

◉図C-1　事例1のエラー率
指導前（左）と指導後（右）のエラー率を示す。

◉図C-2　事例1の書字の例
指導前（左）と指導後（右）の書字の例を示す。

した書字になりました。

　対象児は，書字することが楽になったと感想を述べており，教室で他の教科活動にも積極的に参加できるようになったことを報告しています。

　以下は，事例のお母さんの感想です。

事例1のお母さんの感想

> 「授業中に泣いちゃった」と娘が言ったのは3年生になってすぐのことでした。夏休み前には，新出漢字の学習と小テストのある日には，朝からグズグズ言うようになってしまいました。
> 　学校から帰ってきても漢字の練習にはかなりの時間を使っていましたが，覚えられないという以前に書けないという状態でした。本人にとっても，どうして書けないのか，どうしたらいいのかわからないようでした。その頃のことを「ぐちゃぐちゃの迷路のように見えていた」と言います。
> 　漢字の指導を受けるようになって，変わってきました。
> 　一画一画を声に出しながら書き，いくつもの部首を覚え，その組み合わせで，新しい漢字を理解し，楽に書くことができるようになりました。
> 　何よりも，難しいこと，できないことでもなんらかの方法があり，なんとかがんばろうという気持ちが生まれ，多くのことに自信をもって挑戦していくことができるようになっています。

2　学習会での事例

　LD児を対象として行われた学習会での事例を紹介します。学習会は，2週間に1回土曜日に行いました。そこでは，個別学習支援（30分）と集団活動（1時間半）が行われました。漢字学習は，個別学習支援のなかで行いました。1回の指導では，4種の漢字について書字プリント（2枚構成），カテゴリ教材，合成・分解の課題を行いました。

　事例2では，K-ABCの検査結果は，習得度95，同時処理95，継次処理が92でした。下位検査の評価点をみると，「数唱」5，「模様の構成」は7であるのに対して他の検査は9以上を示しました。

　図C-3は，指導前の評価と，10か月後の指導後の評価を示したものです。テスト漢字の総エラー率は0.4から0.1以下へと減少したことが指摘できます。筆順エラー率は0.6から0.4に減少しました。

　図C-4は，指導の前と後とで，同じ漢字の書字の結果を示したものです。指導前では，画要素の筆順エラーがみられました。指導後，安定した筆順を示しました。

　事例3は，K-ABCの検査結果は習得度105，同時処理が82，継次処理が100

コラム3　書字指導の事例

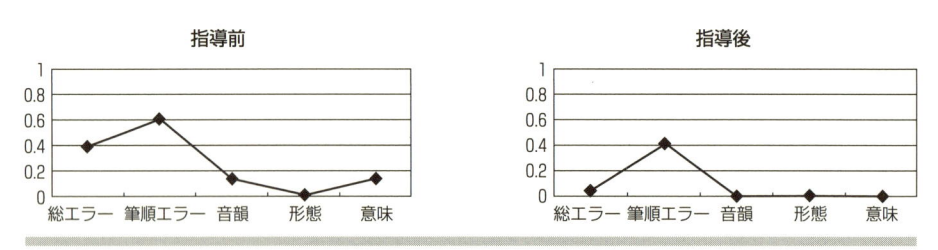

◉図 C-3　事例2のエラー率
指導前（左）と指導後（右）のエラー率を示す。

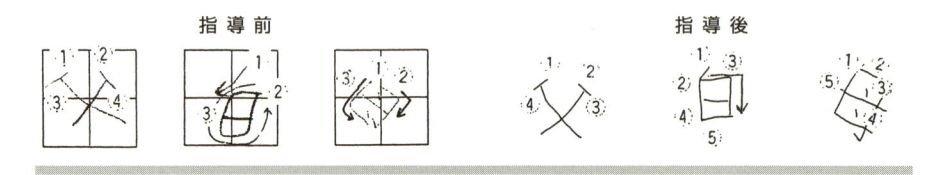

◉図 C-4　事例2の書字の例
指導前（左）と指導後（右）の書字の例を示す。

であり，強いかたよりを示しました。下位検査の評価点をみると「模様の構成」は11であるのに対して，「数唱」「配列」は3，4と低く，「手の動作」「位置さがし」も7，6と低い値を示しました。

　テスト漢字の総エラー率が0.7から0.23へと減少しました。とくに，形が類似したエラーが減少したことが指摘できます。

　図 C-5は，指導前と6か月の指導後で，同じ漢字の書字の結果を示したものです。指導前では，筆圧が一定せず，乱雑な字でした。指導後，安定した書字になりました。

　紹介した3事例の結果より，指導後に，安定した書字が可能になったことが指摘できます。学習量は，1日1枚であったり，2〜3週間に1回の個別指導でしたが，効果がみられました。子どもにとって可能であることがわかる学習量を，一定のペースで行うように配慮しました。それによって子どもは，目に見える改善を体験できました。書字に対処できない場合には，不安が生じます。書字に対する見通しが得られ，書字に対処できないことの不安が軽減したため，教室場面での積極さにつながったことが指摘できます。

3　通級の学級での教材利用の実際

　通級の学級では，小集団での授業や個別学習が行われています。学級で教材を作成するときに，漢字支援ソフトは便利です。とくに，子どもの実態を的確に判断して，通常の授業での教材とうまく組み合わせたときには，効果があが

コラム3　書字指導の事例

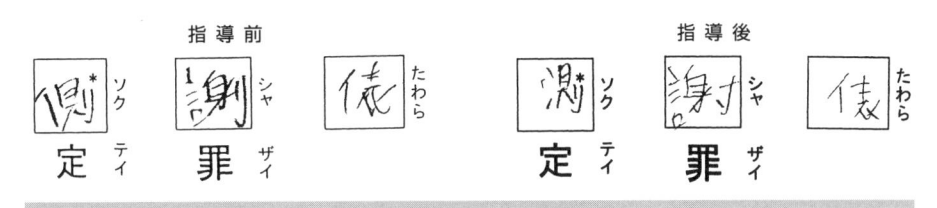

●図C-5　事例3の書字の例
指導前（左）と指導後（右）の書字の例を示す。

ると思います。私たちは，通級の学級での個別指導に，漢字支援ソフトを利用してもらい，使用上のご意見を聞いてきました。

以下は，約半年間，漢字支援ソフトを利用してもらった感想です。

通級指導学級の担任の先生の感想

　私が，通級指導に携わるようになってから13年が経ちましたが，そのなかで，書くことが苦手という子に多く出会ってきました。子どもの実態は，絵を書くのが苦手であったり，計算するのに位取りがはっきりせず間違えてしまう，ひらがなの形がとれない，鏡文字になるなどさまざまです。だんだん学習への自信がなくなり，指名されても，答えようとしなくなる子どももいました。最近は，読むことが苦手という子に出会うことが多くなりました。現在も，そのような子が4名通級しています。子どもたちは，視写がきちんとでき，絵も上手ですが，字を読むことが苦手です。通常学級では，引っ込み思案であるとされたり，心因性の問題があると思われがちです。しかし発達アセスメントをみますと，認知のかたよりがみられます。通級学級では，学芸大学のソフトをお借りし，書きや読みの障害をもつ子どもに対する指導を行ってきました。学芸大学の院生に，お手伝いをお願いすることもありました。

　書き障害の児童に対して：個別的に以下のような指導をしました。漢字の各部分を色枠で強調したプリントによる練習。漢字の分解や合成によるプリントやTPシートによる文字の合成の学習。指導の結果（**図C-6**）は，2月の段階では上段のようでしたが，7月は下段の字にまで変化しました。これらのプリントについては，通常，私たちにとっては，邪魔にしか感じられない枠が，意外に有効に作用していることに気づきました。この児童は，漢字ソフトからの宿題を毎日要求するなど，やる気十分です。また算数では，位取りの位置を色分け（一の位を赤，十の位を黄色など）をしました。毛筆では模造紙に大きく文字を書く，点結びをする，などを学習していくことで，苦手意識を克服していきました。その結果，在籍学級でも認知の障害であることが理解でき，指導の方向性が決定されていきました。

　読み障害の児童に対して：方略が見つけにくく，成果が出にくい実態があります。個別指導のなかでの漢字ソフトの課題は，学習への意欲を引き

コラム3　書字指導の事例

出してくれたようです。この指導のなかに，「音」と「池」のように関連のない2文字を並べて，「どちらが"おと"ですか」と音声による質問に答えていく問題がありました。通常，漢字の単語のイメージに基づいて

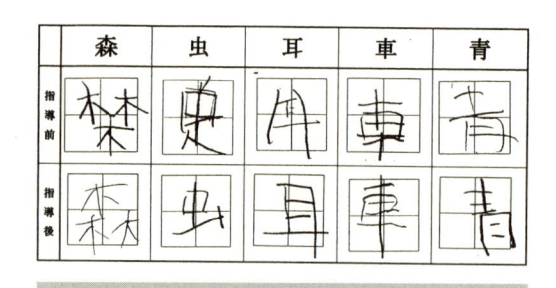

◎図C-6　事例4の書字の1例
指導前（上段）と指導後（下段）の書字の例を示す。

間違わずに読めていても，「音」1文字で「おと」と読めるとは限りません。このような課題に，たいへん意欲的にチャレンジしていく児童もいました。また，並行して絵を頼りにした50音表を見ながら文字を読む練習を重ねました。絵を頼りにした学習もたいへん有効でした。50音表が手元になくとも自分のことばで作文を書くようになってきています。

　継続は力です。通級指導だけでは，なかなか積み上げられない部分もありますが，読み障害や書き障害の改善がみられ，指導プログラムの成果であることがわかります。

3章　LD児の漢字学習の支援教材

　前章までの検討から，LD児においては，形，音韻，熟語，筆順の側面に関してレキシコンの形成不全が生じやすいこと，また，レキシコンの形成不全と情報処理過程の偏りの間には，一定の関連がみられることが明らかになりました。LD児の漢字学習の支援に関しては，これまで，種々の工夫が報告されてきました（平田，1999；熊谷，1998；佐藤，1997；篠原，1992；山中ら，1996）。しかし，指導を行いたい漢字について，教材を簡単に作成することはむずかしいのが実情です。この点で，本書の支援ソフトは，小学校1年から6年の漢字について，教材を容易に作成できるように工夫しました。

　学習課題は，子どもの情報処理過程の特徴に合わせることで，遂行しやすい課題となります。それによって，レキシコンの形成を促すことができます。

　本章では，本書の教材の構成について述べ，その利用方法に言及します。

1　漢字教材の構成

漢字教材の構成について，はじめに述べます。

漢字支援ソフト「漢字の支援」は，書字の発達段階に沿って組み立てられています。この発達段階は，ロゴ段階，基礎的漢字の段階，漢字の拡張段階に分けられます。

図3-1はその構成を示しています。図には，漢字書字の獲得経過（左）とその指導プロセス（右）が示されています。この図は，ソフトの第1画面で表示されます。教材は楕円で示しました。教材Ⅲ，Ⅴ，Ⅵ，Ⅶ，Ⅸと評価問題はプリント教材を出力するソフトです（カーソルを近づけると楕円の文字が赤に変わる教材が，プリント教材です）。

ソフトを利用する場合には，第1画面で，教材を表す楕円をクリックし，各教材を開始します。

この漢字支援ソフトでは，宮下（1989，2000）の「基礎漢字」に基づくとともに，1・2年生の学習漢字を中心に3年生の漢字を一部入れて，基礎的漢字を構成しました。これによって，学習の初期段階でも書きやすいように，配慮しました。

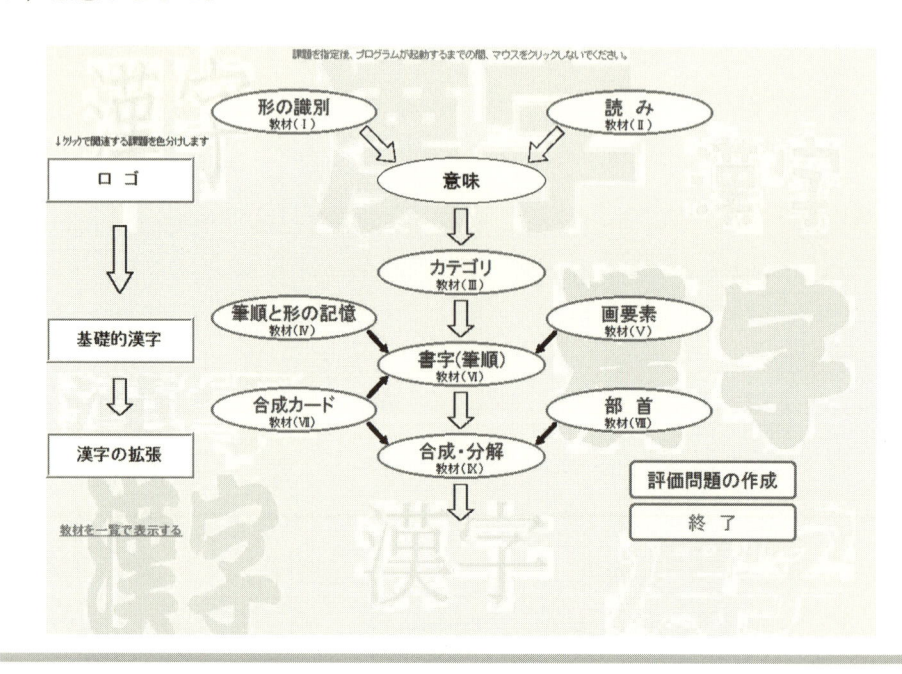

図3-1　漢字支援ソフトの全体構成

① ロゴ段階に到達しつつある子どもに対する学習支援

　ここでの対象児は，1年生の漢字の読みと書きを，まだ獲得していない子どもです。かな文字の読み書きは獲得しつつある子どもたちです。ロゴ段階に到達しつつある子どもに対しては，漢字の意味と読みの指導，字の形の指導がたいせつな課題となります。教材としては，**形の識別課題（教材Ⅰ）**や**漢字の読みを獲得する課題（教材Ⅱ）**があげられます。**合成カード（教材Ⅶ）**を用いることもできます。

　形の識別課題（教材Ⅰ）は漢字を用いた神経衰弱ゲームです。漢字の読みの教材（教材Ⅱ）は，見本合わせ課題になります。

② 1年生の漢字を獲得しつつある子どもに対する学習支援

　ここでの対象児は，1年生の漢字を読めるが書けない子どもです。この段階（基礎的漢字の段階）の子どもに対しては，教材ⅠとⅡに加えて，**カテゴリ（教材Ⅲ）**，**筆順と形の記憶（教材Ⅳ）**，**画要素（教材Ⅴ）**に関する指導がたいせつです。これを基礎として，**書字（筆順）指導（教材Ⅵ）**を行うことが効果的です。また，合成カード（**教材Ⅶ**）による指導も効果的です。

　カテゴリ（教材Ⅲ），画要素（教材Ⅴ）と書字指導（教材Ⅵ）は，プリント教材を出力するソフトです。カテゴリ（教材Ⅲ）では，漢字の分類を行う教材，画要素（教材Ⅴ）では，漢字を構成する要素の読みと書きを学習する教材，書字指導（教材Ⅵ）では，1画と2画が色で表示された見本に基づいて，書字を行う教材がプリントできます。

　合成カード（教材Ⅶ）も教材を出力するソフトで，組み合わせると1つの漢字になるカードを出力します。この課題は，漢字の形全体の記憶に基づいて取り組むので，同時処理に関連した課題といえます。

　筆順と形の記憶（教材Ⅳ）は，1画ずつ提示された漢字を，空書を行うことで記憶する課題です。この課題は，継次処理に基づいて遂行する課題といえます。

③ 2年生以降の漢字を獲得しつつある子どもに対する学習支援

　1年の漢字を読めて書けるが，在籍学年より下の学年漢字が書けない子どもが相当します。この段階（漢字の拡張段階）の子どもに対しては，書字（教材Ⅵ）と合成カード（教材Ⅶ），部首に関する教材（教材Ⅷ），合成・分解（教材Ⅸ）が中心的な指導となります。カテゴリ（教材Ⅲ），筆順と形の記憶（教材Ⅳ）に関する指導を並行して行うことも

3章 LD児の漢字学習の支援教材

効果的です。

書字（教材Ⅵ）と合成カード（教材Ⅶ）については，②で述べました。部首に関する教材（**教材Ⅷ**）は，部首を用いた見本合わせ課題となっています。合成・分解（**教材Ⅸ**）は，漢字要素の合成と分解に関するプリント教材を出力するソフトです。

以上の教材の利用方法をまとめると，図3-2のようになります。図3-2は，子どもの漢字の読み書きのレベルに従って，学習漢字の教材を配列したものです。漢字の読み書きのレベルを四角（左）の中に示しました。漢字の獲得段階は，四角の上に記しました。漢字の読み書きのレベ

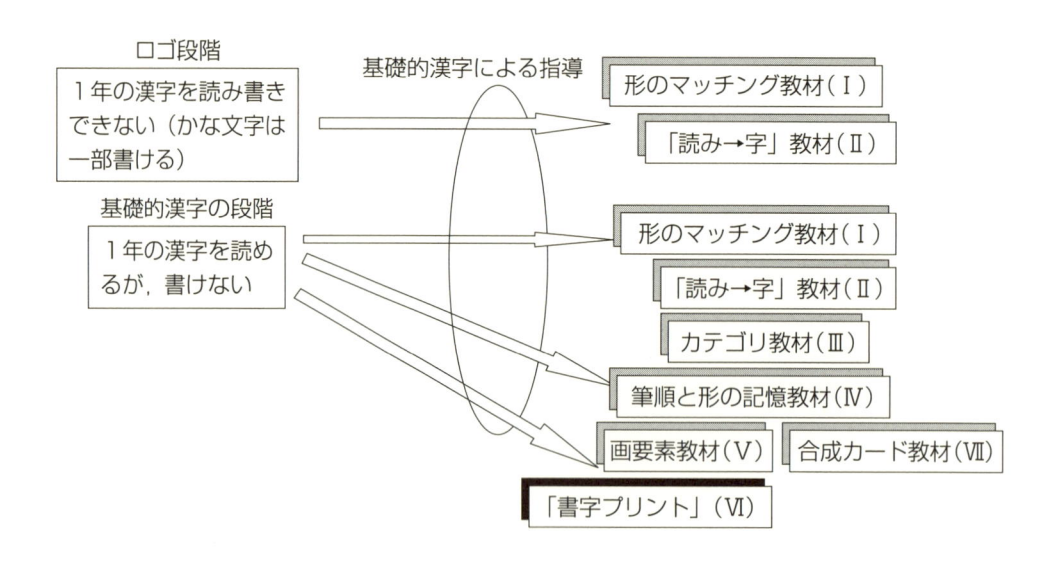

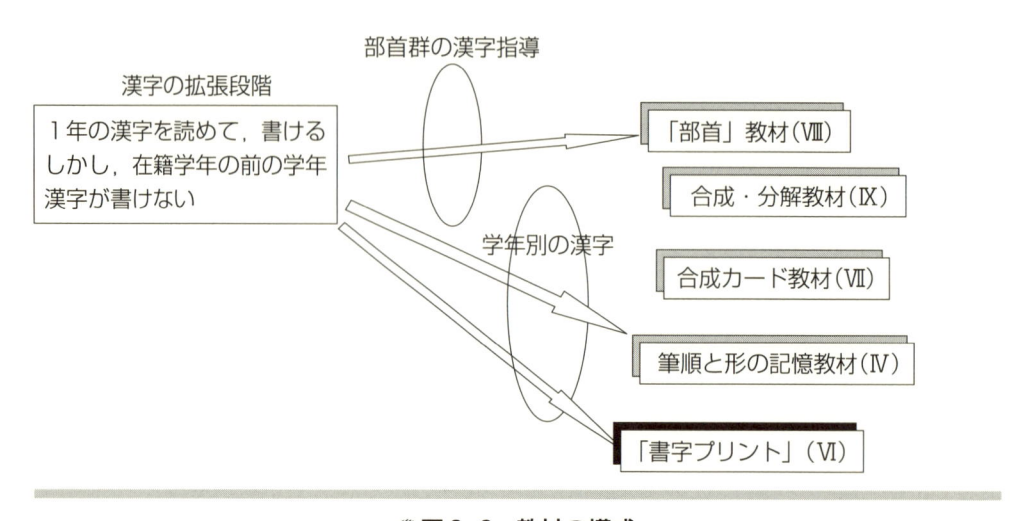

図3-2 教材の構成

ルに従って，教材内容と漢字の種類が設定されています。

2　漢字教材の利用方法

　次に，漢字教材の利用方法について述べます。

　漢字支援ソフトの第1画面として，図3-1に示した図が表示されます。ここで教材を表す楕円をクリックし，各教材の第1画面を表示させます。このとき，CD-ROMからの読み出しに少し時間がかかることがあります。「砂時計」が出ていたら，読み出している最中ですので，他のところをクリックせずに少し待っていてください*脚注1。

①　形の識別（教材Ⅰ）

　この教材は，神経衰弱ゲームと同じように用います。楽しみながら漢字の形になじむことができます。

　まず，図3-3の画面があらわれます。

　「カードをくばる（D）」を見てください。このDは，キーボードでDをタイプすると，マウスでクリックしたのと同じはたらきをします。このようなキーのことを，ショートカットキーとよびます。このソフトでは，指導者がショートカットキーで操作し，子どもはマウスで漢字を選ぶようにしました。

　問題は，3種類あります。

　◆同じ漢字をさがす問題では，はじめに，漢字の学年を決めてください（1年〜3年の範囲です）。次に，カードの枚数を決めてください。最後にDをキー入力してください（「カードをくばる（D）」というボタンを押しても同じはたらきをします）。

・漢字の学年を決める
・カード枚数を決める
・Dを入力

　これで，準備ができました。

　どちらが先攻になるか，後攻になるかを決めてください（1または2をキー入力してください）。

・先攻・後攻を決める
　（1または2を入力）

　マウスで，カードを2枚，クリックしてください。カードの裏の文字が現れます。もし同じ漢字だったら，チャイムが鳴って，カードは正答者の陣地に移動します（図3-4）。

・カード2枚をクリック
・同じ漢字ならチャイムが鳴る

---

*脚注1　画面をクリックしても，クリックを受けつけない場合には，画面の下にあるタスクバーを見てください。そこに表示されているソフトのアイコンをクリックして，第1画面に進んでください。

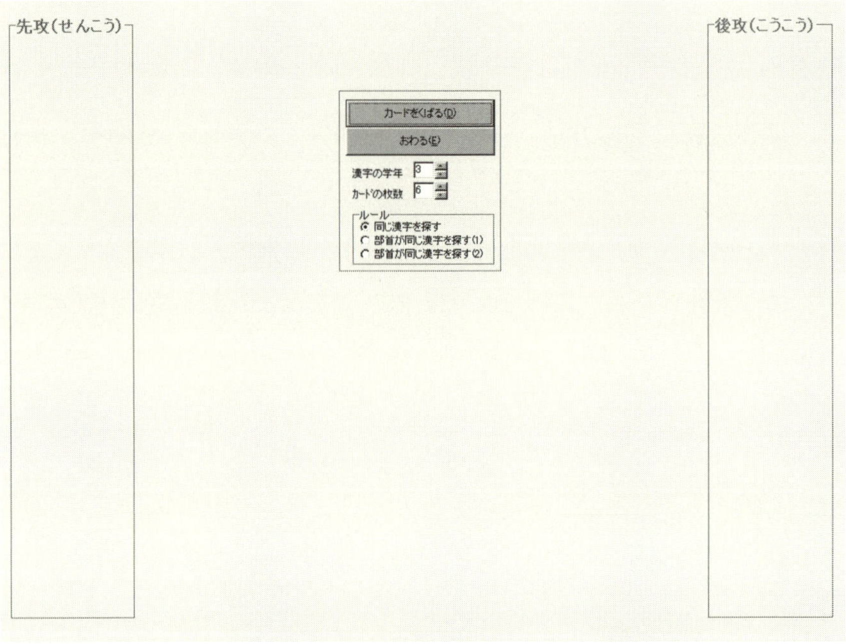

◎図3-3　形の識別課題（教材Ⅰ）の画面①
ルールを選んで学年と枚数を選んだあとに，カードをくばります。

　同じカードをとれなかった場合には，相手にマウスを渡して，交代してください。先攻，後攻は自動的に変わります（マウスでクリックすることで指定することもできます）。
　カードを何枚とれたかで，勝ち負けを決めることができます。
　◆部首が同じ漢字（1）をさがす問題でも，はじめに，漢字の学年とカードの枚数を決めてください（学年は2年～3年の範囲です）。Dをキー入力するか，「カードをくばる（D）」というボタンを押してください。
　この問題では，はじめから部首を欠いた漢字が表示されます。漢字の部首を考えて，同じ部首をもつ漢字を2個，クリックしてください。もし，部首が同じなら，チャイムが鳴って，カードが陣地に移動します。
　◆部首が同じ漢字（2）をさがす問題でも，はじめに，漢字の学年とカードの枚数を決めてください（学年は2年～3年の範囲です）。Dをキー入力するか，「カードをくばる（D）」というボタンを押してください。
　この問題では，はじめに，カードが表示されます。カードをクリック

・漢字の学年とカード枚数を決める
・Dを入力
・部首を欠いた文字の表示
・同じ部首をもつと思うカードを2枚クリック
・部首が同じなら，チャイムが鳴る
・漢字の学年とカード

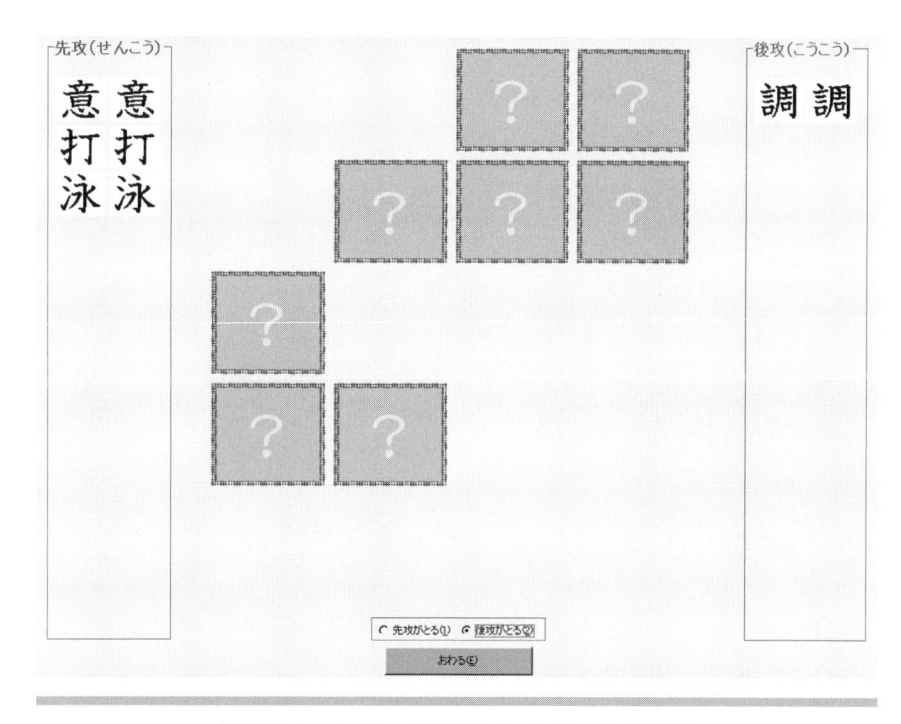

●図3-4　形の識別課題（教材Ⅰ）の画面②
先攻と後攻にわかれて，マウスで漢字をクリックします。

すると，カードの裏の文字が表示されます。2個の文字が，同じ部首をもつ漢字の場合には，チャイムが鳴って，カードが移動します（図3-4）。

　場所を記憶することは，字を記憶することよりやさしいといわれています。「木のつく字は，こことここだね」というように，声に出してカードをさがすように，と教示してください。「声に出すと，覚えやすい課題となること」を，子どもに気づかせるようにしてください。

枚数を決める
・Dを入力
・カード2枚をクリック
・同じ部首をもつ漢字なら，チャイムが鳴る

　LD児のなかには，しばしば，漢字の課題に対して拒否感をもつ子どもがいます。また，書くことが苦手なために，書字や本を読むことから逃避しようとする子どももいます。そのようなときに，漢字を題材として，大人と楽しみながらゲームをする課題は，導入としてたいせつな課題となります。
　この教材では，「位置の記憶」を利用しています。位置に関する情報は，意識的に努力しなくても記憶できることが知られています。位置の記憶が苦手な子どももいますが，そのような偏りがない場合には，取り組みやすい課題となります。ある子どもにとってわかりやすい課題が，他の子どもにとって苦手な課題になることもあるので，一人ひとりの子どもに合わせて，課題を考えることがたいせつです。
　⑦で後述するように，合成カード（教材Ⅶ）を用いて紙でカードを作成し，生活で慣れ親しんだ漢字を用いて神経衰弱ゲームをすることも，手軽で楽しめる活動です。大人よりも多くカードをとれるように配慮すると，子どもは，おおいに動機づけられます。子どもが好みを示す漢字ゲームを見つけられたならば，漢字指導は，楽しめる活動になります。

② 読み（教材Ⅱ）

この教材は，漢字の読みを学習する課題です。実際の音声が提示されるので，それに対応した漢字を選択します。

はじめに，漢字の学年を決めてください。左にあるボタンをクリックすると，学年の漢字が表示されます。このとき，CD-ROMからの読み出しに少し時間がかかることがあります。「砂時計」が出ていたら，読み出している最中です。他のところをクリックせずに少し待っていてください。

図3-5の画面が出てきます。

1年生では，形容詞，動詞，名詞，人に関連した漢字，社会に関連した漢字，学校関連の漢字というように，漢字が整理されて表示されます。2年生と3年生では，音読みの「あいうえお順」で，漢字が表示されます。その漢字に音読みがないときは，訓読みで並びます。

ここで，漢字を10個選んでください。クリックすると漢字が選択されます。選択をはずすときは，もう1度クリックしてください。

「はじめる（S）」をクリックして，次の画面にいきましょう。

子どもに対しては，「女の人の声で，漢字の読み方が聞こえます。しばらくすると漢字が出ます。その読み方をもつ，正しい漢字をクリック

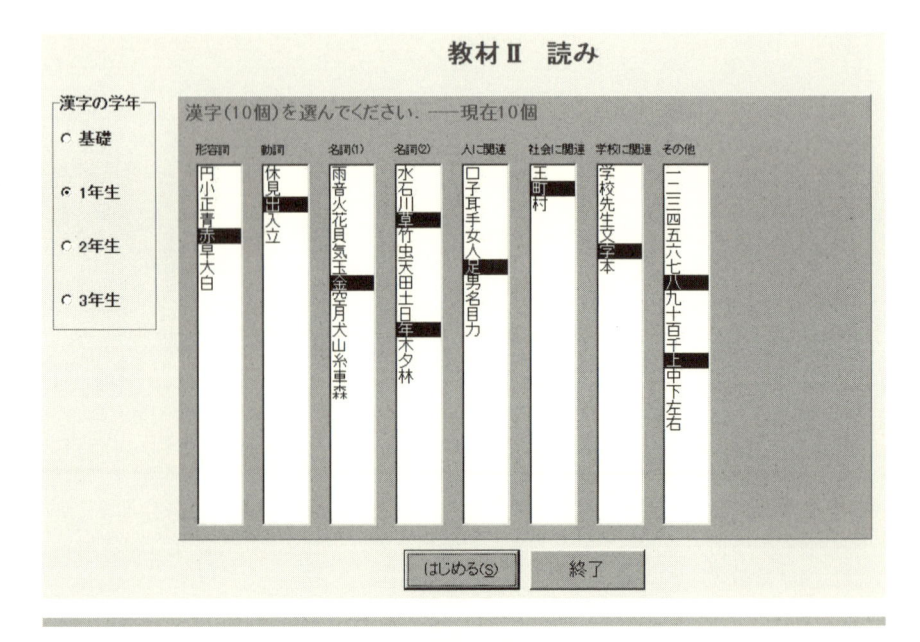

・漢字の学年を決める

・漢字（10個）を選んでクリック

・「はじめる（S）」をクリック

・「はじめる（S）」をクリック

図3-5 読みの課題（教材Ⅱ）の画面①

2 漢字教材の利用方法

してください」と教示してください。

「はじめる（S）」をクリックしてください。「きいてみよう」という表示が提示されます。しばらくすると漢字の読みが，音声で提示されます（ここで，声がしない場合には，コンピュータの音量が不十分です。「スタート」→「プログラム」→「アクセサリ」→「エンターテイメント」→「ボリュームコントロール」で音の設定を確認してください。スピーカのついていないコンピュータもありますので確認してください）。

続いて，2つの漢字が，画面上に提示されます（図3-6）。さきほどの読み方をもつ漢字を，クリックしてください。

正答の場合には，チャイムが鳴ります。

誤答の場合には，音が鳴りません。子どもに対して，片方の漢字をクリックして，正しい漢字を表示して確認するよう，教示してください。

「つぎへ（S）」をクリックすることで，次の課題に進みます。

10個の選択が終わったところで，「間違えた問題を練習」と表示されます。これは，誤った漢字だけを表示する課題です。10個の漢字についてすべて正答するまで課題を行うように教示してください。

1回の学習では，読みを学ぶことはできません。練習した10個の漢字について，別の日にくり返してチャレンジするようにさせてください。学習をくり返すと，しだいに正答の数がふえていきます。

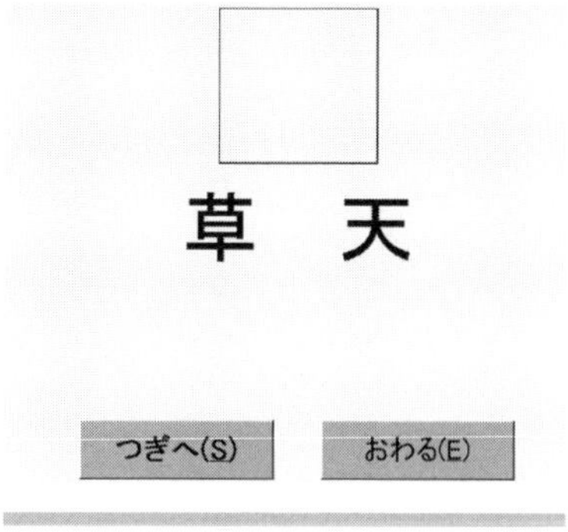

●図3-6 読みの課題（教材Ⅱ）の画面②
　読みに対応する漢字が，選択刺激として提示されます。

・音声で提示された読みをもつ漢字を選択
・正答ならチャイムが鳴る

　漢字の読みの獲得は，書字に先だつ段階です。LD児には，漢字の読みをうまく習得していない子どもがいます。文字の読みは，生活の中で出会ったことがらを中心に獲得していきます。漢字の読みも，生活の中での経験がたいせつですが，漢字の読みを確認したり，不確かな読みを確実にしたい場合があります。そのようなときに，ひらがなで読みを書かせる教材だけでは不便ですので，この教材を作成しました。
　この教材は，漢字の読みの学習を助ける課題です。ここでは，見本合わせ課題という学習課題になっています。見本合わせ課題では，見本刺激（ここでは音声）に対応した選択刺激（ここでは提示された漢字）を選びます。見本合わせ課題は，一見，単調な学習ですが，LD児にとって，比較的取り組みやすく，効率的な課題です。音声に対して漢字を選択できるようになると，漢字に対して音声を選択（漢字の読みを音声表出）しやすくなります。
　漢字の読みの課題は，見本合わせ課題しかないというわけではありません。本の読み聞かせや，読書は，漢字の読みを獲得するうえで大事な活動ですので，子どもの興味に合わせて，テーマを工夫してとりくんでください。

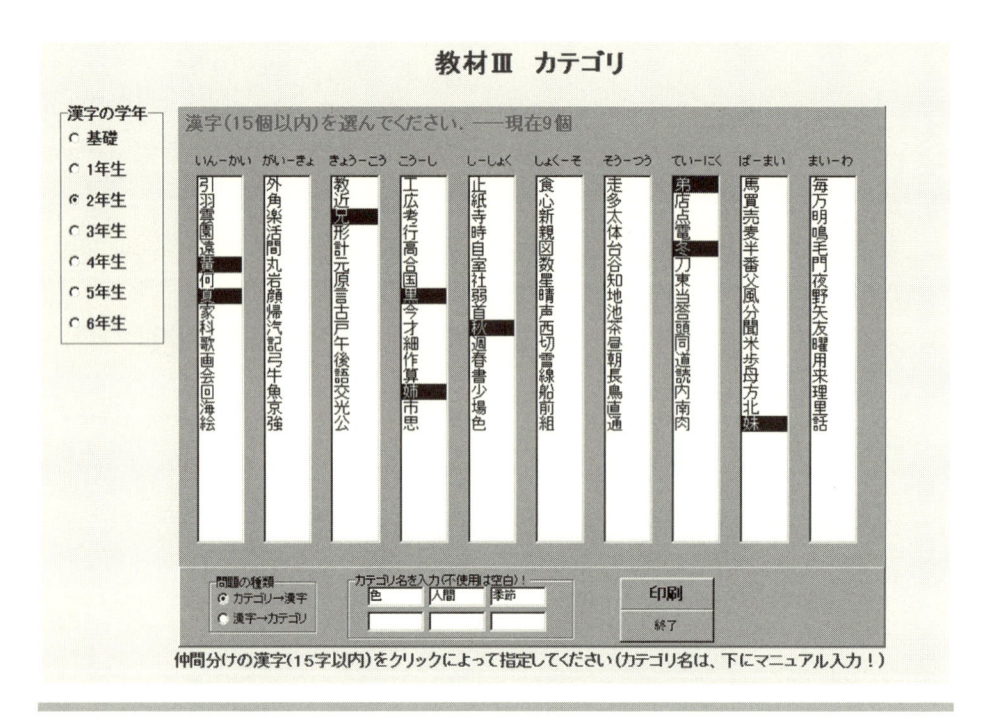

3章 LD児の漢字学習の支援教材

◆図3-7　カテゴリ課題①（教材Ⅲ）の画面
カテゴリに従って漢字を分類する問題（カテゴリ→漢字）を選んだ場合の画面を示します。

③　カテゴリ（教材Ⅲ）

　この教材は，漢字の仲間分けをとおして，カテゴリについて学習する教材です。必要なことがらを指定したあとに，印刷して，プリント教材を作成します。コンピュータに，プリンタがつながっていることが必要です。「印刷」をクリックし，プリントが終わったあとに，「終了」をクリックしてください*脚注2。

　はじめに，問題の種類を選んでください。左下で選択できるようになっています。

　「カテゴリ→漢字」は，カテゴリの名前を子どもに提示して，それに属する漢字を仲間分けすることを求める課題です。「漢字→カテゴリ」は，複数の漢字を提示して，そのカテゴリ名を書くことを求める課題です。

　「カテゴリ→漢字」を選んだ場合には，漢字の学年を決めてください。

・問題の種類を選ぶ

・「カテゴリ→漢字」を選択

・漢字の学年を決める

・漢字（15個以内）を選んでクリック

・カテゴリ名を入力

・「印刷」をクリック

＊脚注2　「印刷」が終わる前にクリックすると，画面がクリックを受けつけなくなることがあります。その時は，画面下のタスクバーのアイコンをクリックしてください。

2　漢字教材の利用方法

名前：

下の字(じ)を、仲間(なかま)に分(わ)けてください！

母　春　姉　夏　秋

黒　黄　父　冬　弟

(1)「色」の仲間(なかま)：

(2)「人間」の仲間(なかま)：

(3)「季節」の仲間(なかま)：

◉図3-8　カテゴリ課題①のプリント教材
カテゴリに基づいて漢字を分類する課題を示します。

名前：

仲間(なかま)の名前(なまえ)を、書(か)いてください！
〈にているところを書(か)いてもいいよ〉

「北・南」の仲間(なかま)：

「牛・馬」の仲間(なかま)：

「兄・妹」の仲間(なかま)：

「外・内」の仲間(なかま)：

◉図3-10　カテゴリ課題②のプリント教材
漢字の分類に基づいてカテゴリ名を記す課題を示します。

左にあるボタンをクリックすると，学年の漢字が表示されます（図3-7）。

次に，15個以内の漢字を，クリックすることで選択します。つづいて，下の四角に，指定した漢字についてのカテゴリ名を，キーボードから入力してください。全角の日本語入力です。最後に，「印刷」を押してください。これでプリント教材が出力されます（図3-8）。

「漢字→カテゴリ」を選んだ場合には，漢字の学年を指定する必要はありません。下の四角に，カテゴリ別に漢字をキーボードから入力してください（図3-9）。その際，漢字を「・」で区切って入力してください（例：山・川・谷）。プリント教材では，これがそのまま問題文で使われます。全角で日本語入力してください。最後に，「印刷」

◉図3-9　カテゴリ課題②（教材Ⅲ）の画面
漢字の分類に基づいてカテゴリ名を書く問題（漢字→カテゴリ）を選んだ場合の画面を示します。

・「漢字→カテゴリ」を選択

・カテゴリ別に漢字を入力

・「印刷」をクリック

47

3章　LD児の漢字学習の支援教材

を押してください。これでプリント教材が出力されます（図3-10）。

> LD児のなかには，偏った興味を示す子どもがいます。そのような子では，苦手なカテゴリの漢字が書けないことがあります（人に関連したカテゴリや，動作に関連したカテゴリが苦手な子どももいます）。また，カテゴリをうまく形成できない子どももいます。この特徴は，ことばの全体的発達とかかわっており，漢字学習だけの問題ではありません。日本語の漢字は単語を形づくる文字であり，一定の意味をもっています。漢字の意味に気づいて，カテゴリに従った整理ができるようになると，記憶が容易になります（大人でも，カテゴリに分類できないことを記憶するときには，努力を要します。いっぽう，カテゴリに分類できる場合には，記憶容量がふえます）。
> 　漢字1文字の意味に気づかせる活動として，「漢字の仲間分け」課題は効果的です。「カテゴリ→漢字」の課題のほうがやさしいので，はじめに導入します。ついで「漢字→カテゴリ」の課題に移っていきます。漢字からカテゴリ名を書くのがむずかしい場合には，「どこが似ているのか」具体的に書かせるようにしてください。子どものもっている意味の世界に，思わぬことで驚かされるものです。

④　筆順と形の記憶（教材Ⅳ）

　この教材は，漢字の筆順と形の記憶を指導する教材です。1画ずつ，順次表示される漢字を記憶し，記憶に基づいて漢字を選ぶ課題です。

　この教材では，子どもがマウスを持ち，指導者は，ショートカットキーでソフトを操作します。

　はじめに，漢字の学年を決めてください。左にあるボタンをクリックすると，学年の漢字が表示されます（図3-11）。

　1年生では，形容詞，動詞，名詞，人に関連した漢字，社会に関連した漢字，学校関連の漢字というように，漢字が整理されて表示されま

・漢字の学年を決める
・漢字（10個）を選んでクリック
・「はじめる（S）」をクリック
・漢字の消えかたと描画速度を選ぶ

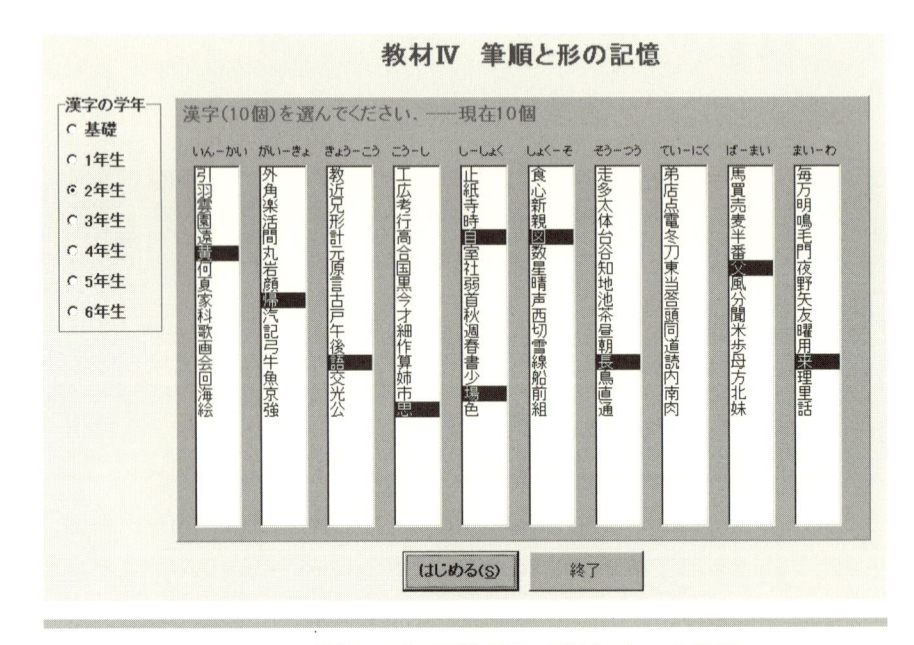

◎図3-11　筆順と形の記憶課題（教材Ⅳ）の画面①

す。2年生以降では、漢字が、音読みの「あいうえお順」で表示されます。その漢字に音読みがないときは、訓読みで並びます。

　ここで、漢字を10個選んでください。クリックすると漢字が選択されます。選択をはずすときは、もう一度クリックしてください。

　「はじめる（S）」をクリックして、次の画面にいきましょう（図3-12）。

　ここで、子どもに、マウスを渡します。

　課題は2種類あります。記憶すべき漢字が、全画表示されたあとに消される課題「やさしく」と、1画ごとに表示して消される課題「むずかしく」のいずれかを選んでください。また、ここで漢字を描く速さを選ぶことができます。

　子どもに対しては、「漢字が、1画ずつ出てきます。いったん漢字は消えますが、漢字を覚えておいてください。しばらくするとまた漢字が出ます。はじめに見た漢字をクリックしてください。漢字を覚えるときは、手のひらに指で書くと覚えやすいので、手のひらに書いてください」と教示してください。

　「はじめる（S）」を押します（これは、ショートカットキーで行います。キーボードでは「S」を入力します）。すると、1画ずつ、筆順に従って、漢字が提示されます。漢字が表示されると、今度は1画ずつ、筆順に従って、漢字が消去されていきます。この間に漢字を覚えておくように、とことばかけしてください。

　漢字が消えてから「おぼえてね」という表示と「?」マークが2つ表示されます。しばらくすると、選択する漢字が表示されますので、この間に、空書をさせて、さっき見た漢字を記憶させます（図3-13）。2つの漢字が提示されます。記憶した漢字をクリックさせてください。正答の場合には、チャイムが鳴ります。

　Sをキー入力するか、「つぎへ（S）」をクリックして問題をつづけます。

◉図3-12　筆順と形の記憶課題（教材Ⅳ）の画面②
　1画ずつ、筆順に従って文字が提示され、これが見本刺激となります。

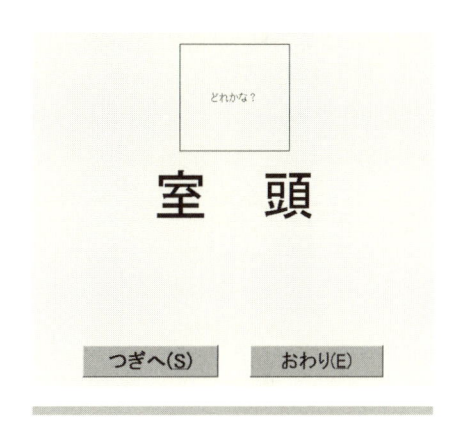

◉図3-13　筆順と形の記憶課題（教材Ⅳ）の画面③
　記憶した見本刺激と同じ選択刺激をクリックしてもらいます。

・「はじめる（S）」をクリック
・記憶した漢字をクリック
・正答の場合、チャイムが鳴る

10個の漢字が終わったところで，誤った漢字だけが表示される課題に移ります。10個の漢字についてすべて正答するまで課題を行うように教示してください。

1回の学習だけでは，学ぶことはできません。練習した10個の漢字について，別の日にくり返してチャレンジするようにさせてください。学習をくり返すと，しだいに正答の数がふえていきます。

> 子どもたちのなかには，しばしば，記憶するときに，意識的に覚えようとしない子どもがいます。書字の獲得では，覚えようとする意識的努力がたいせつになります。空書は，書字を獲得するうえで重要な役割をもちますが，空書をしようとしない子どももいます。
>
> この教材は，筆順に基づいて形を記憶する課題です。この教材では，モニターに提示される筆の動きと同じ動きをすることで，自然に空書ができるように配慮されています。
>
> 一度，空書しながら記憶すると，空書を手がかりとして思い出すことができるようになります。思い出せなくて鉛筆が止まったときに，「自分の手のひらに，指で書いてごらん」と教示してみてください。子どもはしばしば，うまく思い出すことができます。

⑤ 画要素（教材Ⅴ）

画要素（教材Ⅴ）は，漢字を構成する画要素の読みと書きに関する教材です。必要なことがらを指定したあとに，カラー印刷して，プリント教材を作成します。

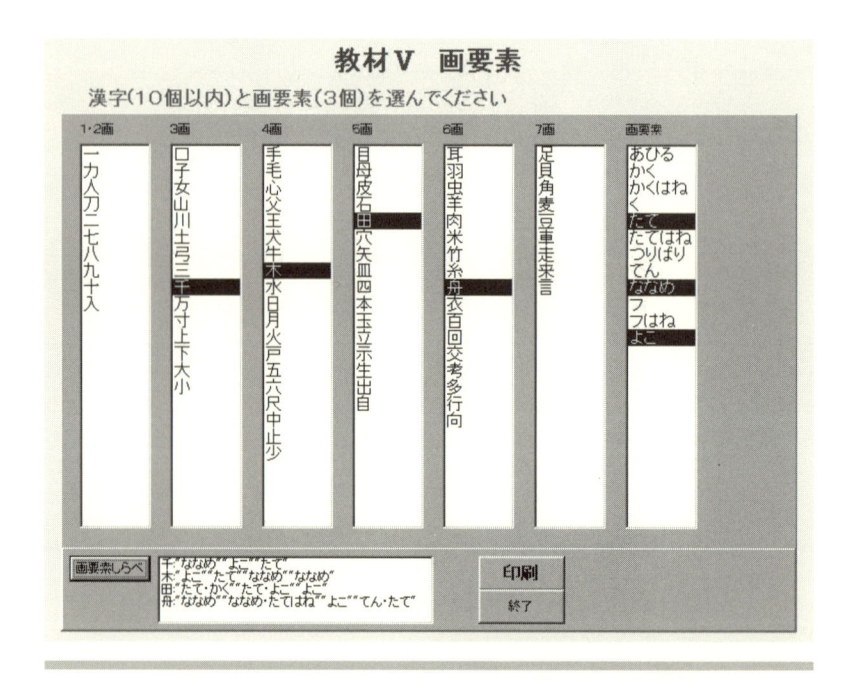

●図3-14　画要素に関する課題（教材Ⅴ）の画面
漢字と画要素を選んで印刷することで教材を作成します。

LD児には，通常とはまったく異なる筆順で書字する子どもが多くみられます。宮下（1989，2000）は漢字を構成する部品として，10の要素を提案し，書字に際しては，画要素の指導を行う必要を指摘しました。本教材では，宮下（1989，2000）の提案に基づき，漢字の部品に関する指導を行うこととしました。その際，要素をわかりやすい形に分類し，12の画要素として用いました。

　はじめに画要素3個と，それを含む漢字（10個以内）を選択します。選択した画要素を含んでいる漢字を，選ぶようにしてください。漢字の画要素が不明なときには，左下の「画要素しらべ」をクリックしてください。選択した漢字の画要素が表示されます（図3-14）。

・画要素（3個）とそれを含む漢字（10個以内）を選ぶ
・「印刷」をクリック

　最後に，「印刷」を押してください。これでプリント教材が出力されます（図3-15）。プリントが終わったあとに，「終了」をクリックしてください*脚注3。

　プリント教材では，画要素の書字を練習します。画要素のモデルの「赤の部分」が，書きはじめであることを子どもに教示してください。

> 　LD児のなかには，書き順がとても悪く，横線を右から左に書く子どももいます。なかには，漢字を書くときに大人に邪魔されないように，クシャクシャと書く子がいて，指導はむずかしくなります。そのようなときに，漢字は限られた要素からできており，「それぞれの要素をていねいに書くと，うまく書けるようになる」ことを教えることは，たいせつな指導です。
> 　継次処理が強い子どもでは，画要素の名前が，書くときの手がかりとなります。画要素の名前を学習することは，書字指導の際に効果的です。
> 　この教材は，画要素に関する教材です。1つの画要素を書くときでも，筆順にむとんちゃくな子がいます。
> 　このため，教材では，画要素の手本で，書き出しの部分を，赤色でマークづけしました。

⑥　書字（筆順）（教材Ⅵ）

　この教材は，漢字の書字について学習する教材です。必要なことがらを指定したあとに，カラー印刷して，プリント教材を作成します。

　はじめに，漢字の学年を決めてください。左にあるボタンをクリックすると，学年の漢字が表示されます（図3-16）。ここで漢字を選んでください。クリックすると漢字が選択されます。選択をはずすときは，もう一度クリックしてください。20個までの漢字を選ぶことができます。

　次に援助の種類を指定してください。

・漢字の学年を決める
・漢字（20個以内）を選ぶ

＊脚注3　「印刷」が終わる前にクリックすると，画面がクリックを受けつけなくなることがあります。タスクバーのアイコンをクリックしてください。

3章 LD児の漢字学習の支援教材

名前：

たて　たてはね　ななめ

について学びます

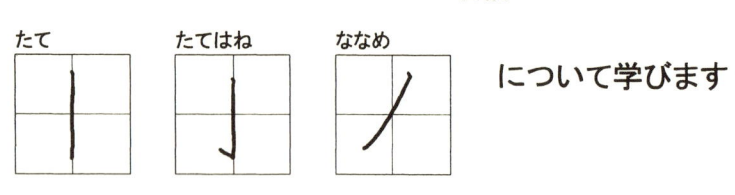

(1) よみかたを、書いてください

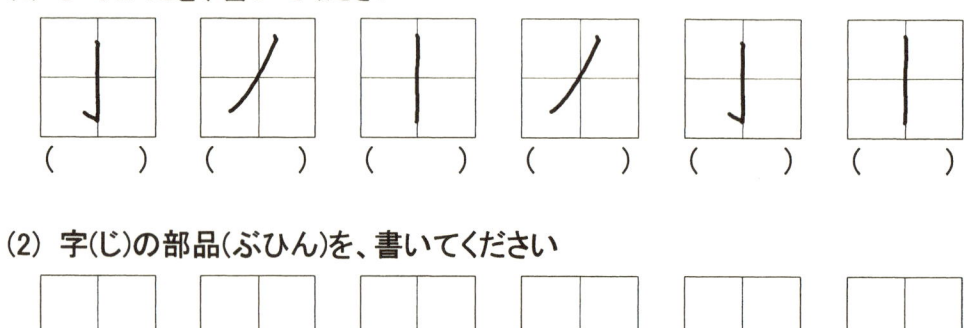

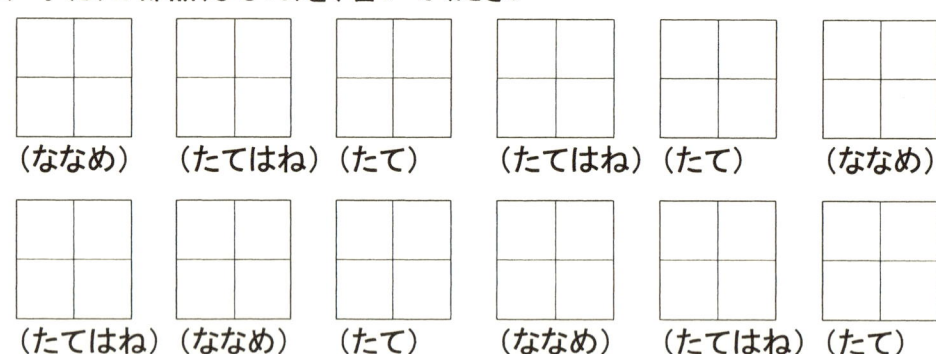

( )　( )　( )　( )　( )　( )

(2) 字(じ)の部品(ぶひん)を、書いてください

(ななめ)　(たてはね)　(たて)　(たてはね)　(たて)　(ななめ)

(たてはね)　(ななめ)　(たて)　(ななめ)　(たてはね)　(たて)

(3) 部品(ぶひん)で、下の字(じ)を分けてください

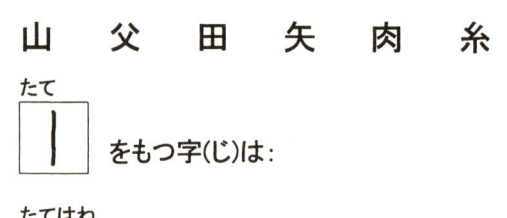

山　父　田　矢　肉　糸

たて
| をもつ字(じ)は：

たてはね
J をもつ字(じ)は：

ななめ
ノ をもつ字(じ)は：

図3-15　画要素に関するプリント教材の例

2 漢字教材の利用方法

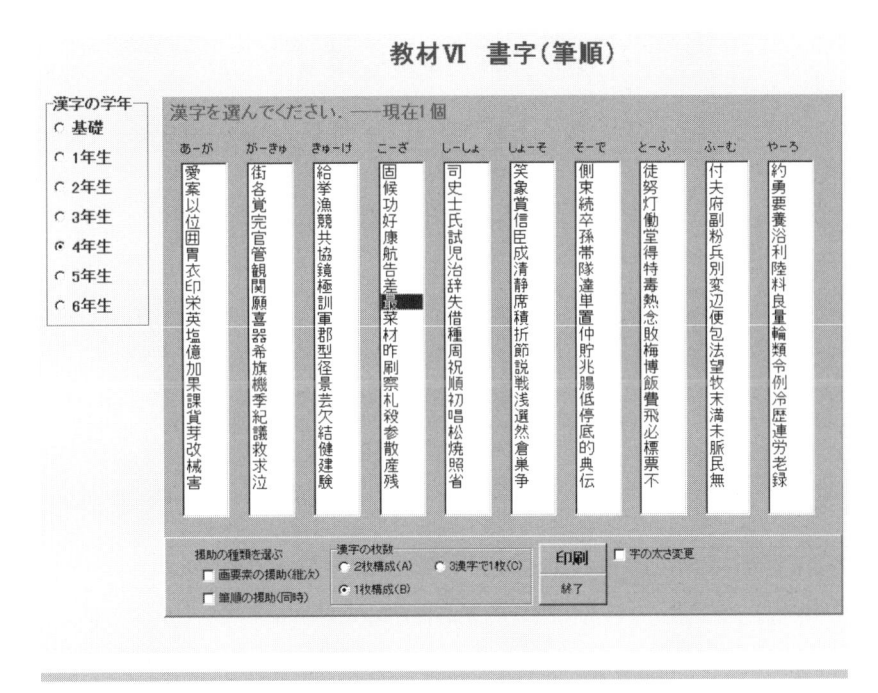

図3-16 書字の課題（教材Ⅵ）の画面
援助の種類は，子どもの特性で変えます。

　K-ABC検査の結果で，継次処理が強い子どもには，**画要素の援助**がおすすめです。プリント教材で，1画ごとに画要素の名前が，表示されます。

　同時処理が強い子どもには，**筆順の援助**がおすすめです。筆の運びを援助するために，なぞり線が黄色で表示されますが，同時処理が強い子どものために，1画と2画の書き出し部分が，赤と青の2色で表示されます。

　次に漢字の枚数を指定します。

　1枚構成では，1つの漢字の指導は，1枚のプリントで行います。

　2枚構成では，1つの漢字の指導は，2枚のプリントで行います。

　3漢字で1枚の構成では，3つの漢字を選択します。3つの漢字が，1枚のプリントで指導できます。

　最後に，「印刷」をクリックしてください。これでプリント教材が出力されます（図3-17）。プリントが終わったあとに，「終了」をクリックしてください*脚注4*。

・援助の種類を指定する

・プリントの枚数を指定する

・「印刷」をクリック

＊脚注4　画面がクリックを受けつけないときには，タスクバーのアイコンをクリックしてください。

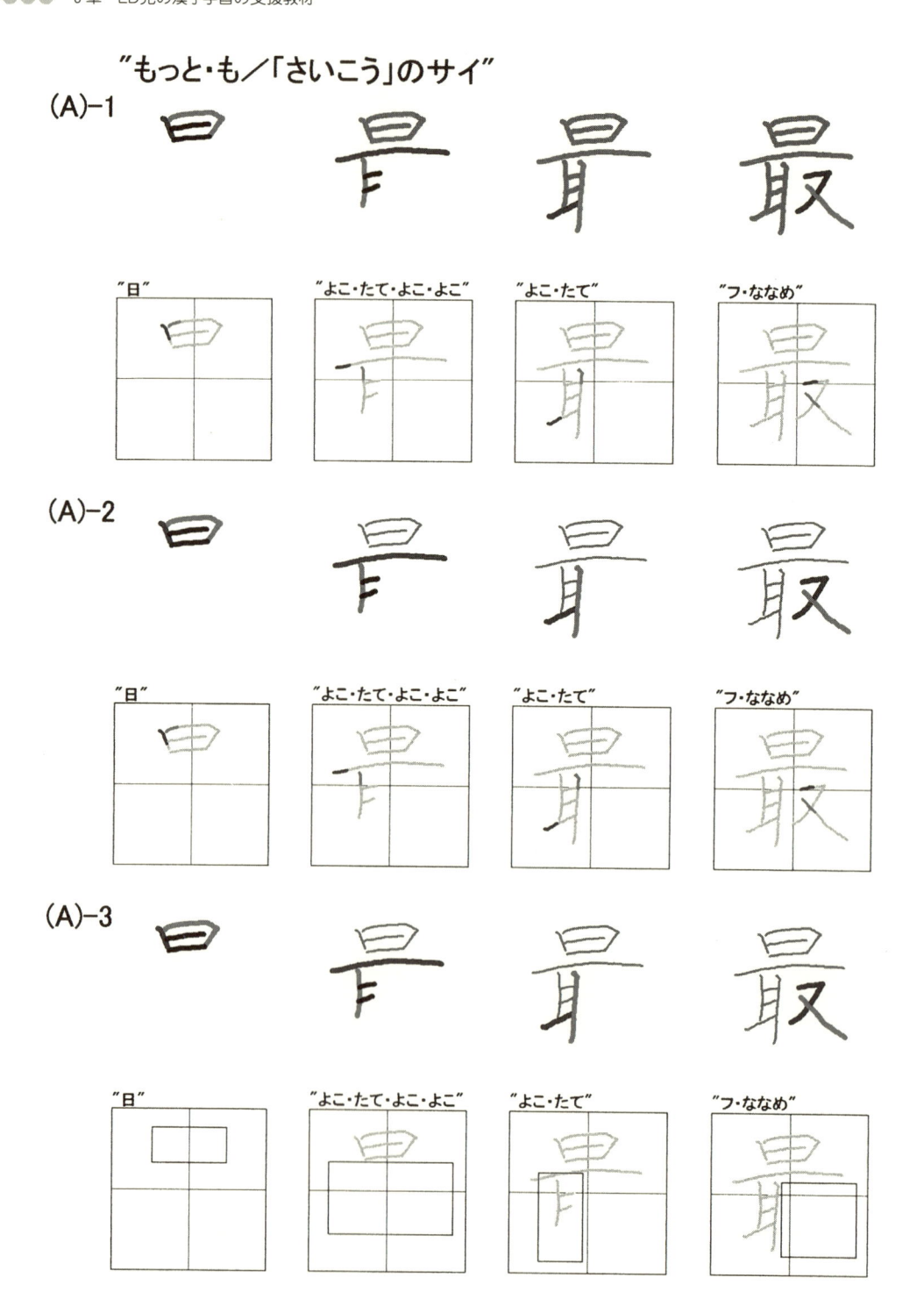

3章 LD児の漢字学習の支援教材

"もっと・も／「さいこう」のサイ"

(A)-1

日　旱　昌　最

"日"　"よこ・たて・よこ・よこ"　"よこ・たて"　"フ・ななめ"

(A)-2

日　旱　昌　最

"日"　"よこ・たて・よこ・よこ"　"よこ・たて"　"フ・ななめ"

(A)-3

日　旱　昌　最

"日"　"よこ・たて・よこ・よこ"　"よこ・たて"　"フ・ななめ"

◉図3-17　書字プリント教材の1例
A（1）〜A（6）は2枚構成，B（1）〜B（3）は1枚構成，（C）は3漢字で1枚の課題を示しています。

"もっと・も／「さいこう」のサイ"

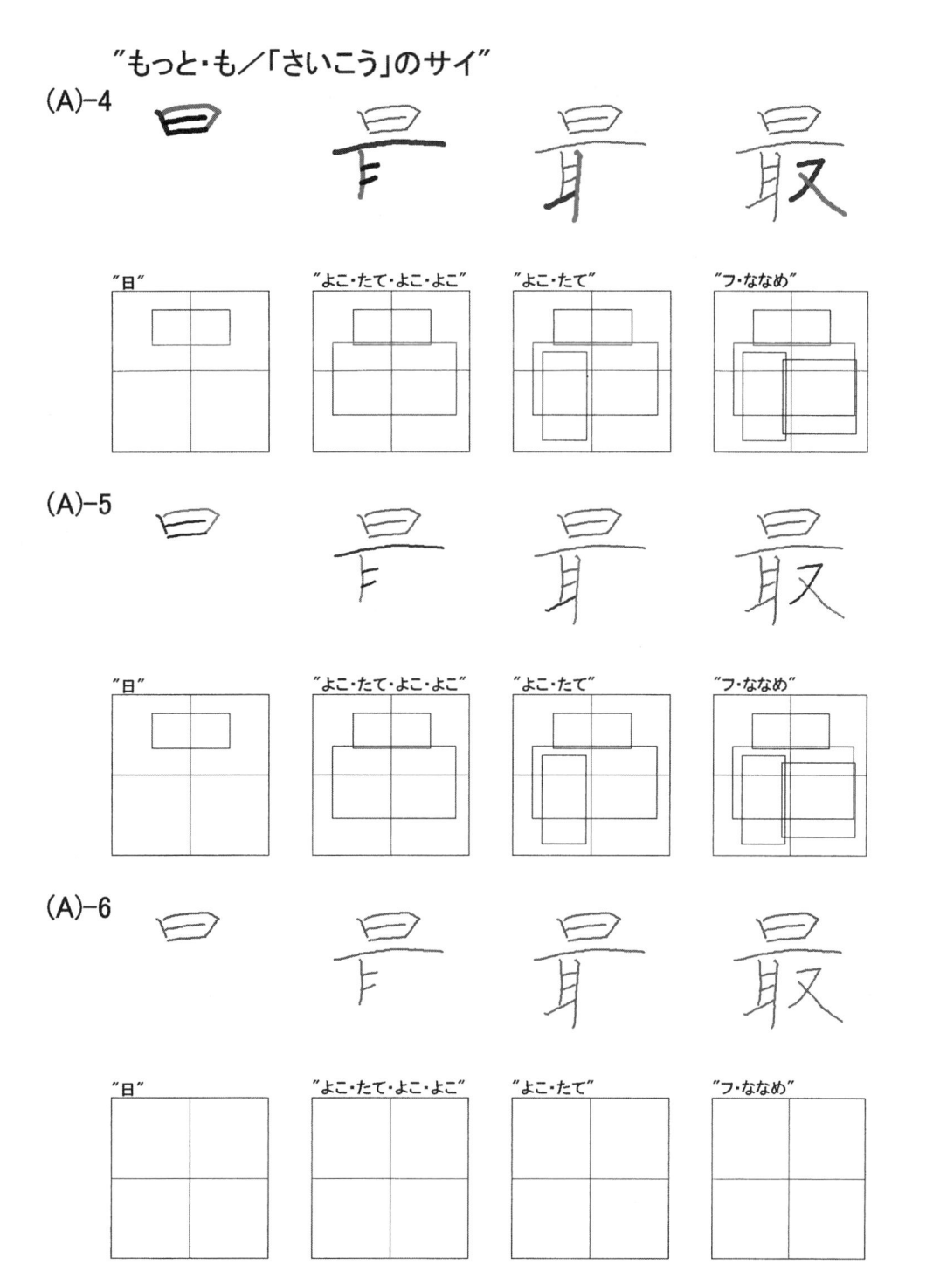

(A)-4

"日"　"よこ・たて・よこ・よこ"　"よこ・たて"　"フ・ななめ"

(A)-5

"日"　"よこ・たて・よこ・よこ"　"よこ・たて"　"フ・ななめ"

(A)-6

"日"　"よこ・たて・よこ・よこ"　"よこ・たて"　"フ・ななめ"

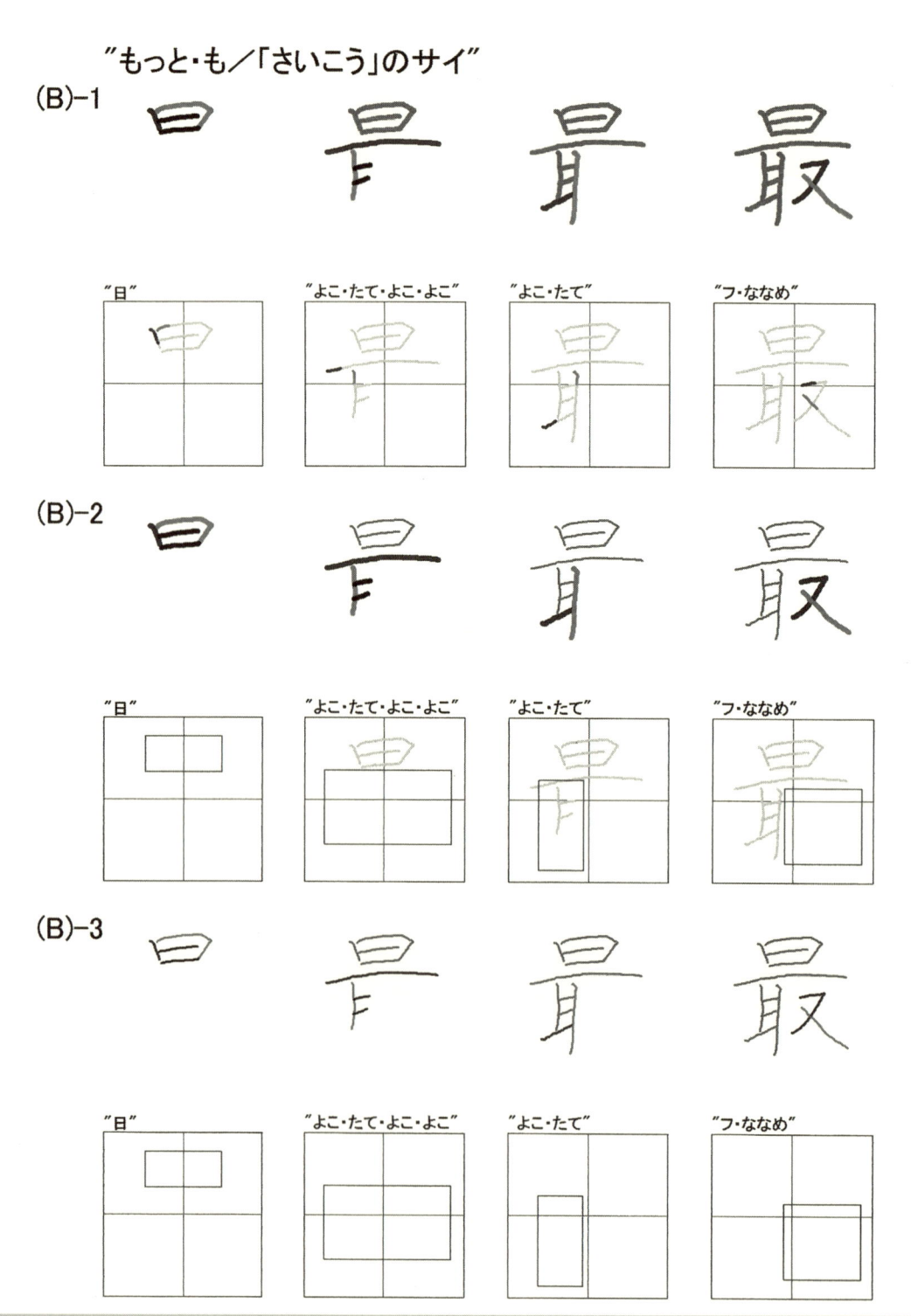

3章　LD児の漢字学習の支援教材

"もっと・も／「さいこう」のサイ"

(B)-1

"日"　　"よこ・たて・よこ・よこ"　　"よこ・たて"　　"フ・ななめ"

(B)-2

"日"　　"よこ・たて・よこ・よこ"　　"よこ・たて"　　"フ・ななめ"

(B)-3

"日"　　"よこ・たて・よこ・よこ"　　"よこ・たて"　　"フ・ななめ"

(C)-1 广 庚 康

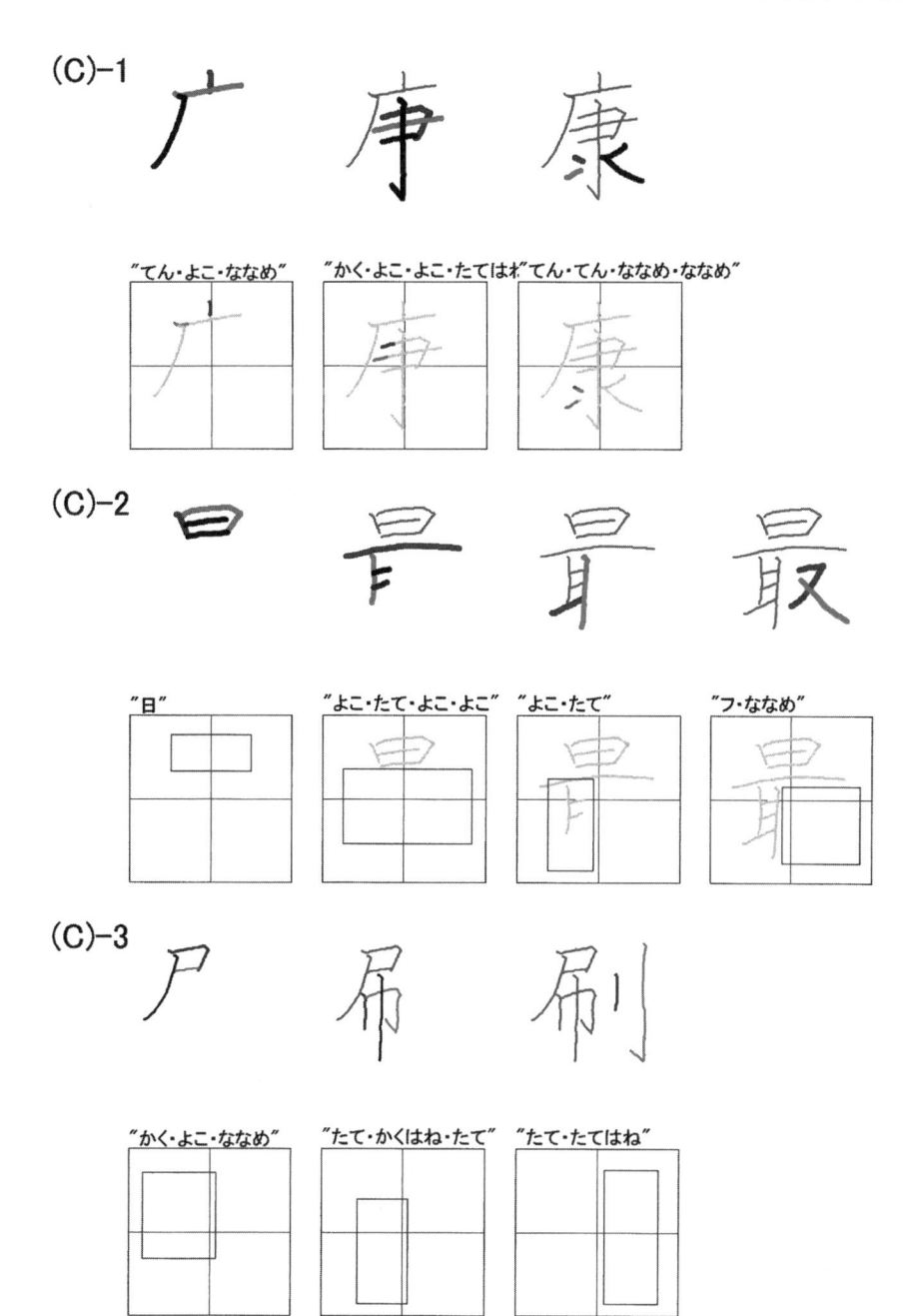

"てん・よこ・ななめ"　　"かく・よこ・よこ・たてはね"　"てん・てん・ななめ・ななめ"

(C)-2 日 旦 昌 最

"日"　　"よこ・たて・よこ・よこ"　"よこ・たて"　"フ・ななめ"

(C)-3 尸 吊 刷

"かく・よこ・ななめ"　"たて・かくはね・たて"　"たて・たてはね"

3章　LD児の漢字学習の支援教材

　プリンタによっては，字の太さが細い場合がありますが，「字の太さ変更」をクリックして調節してください。

　プリント教材では，ブロックを積み上げて書くことで，1つの漢字になります。子どもに対して「第1画から新たに加わったブロックまで書字すること」を教示してください。

　子どもによっては，新たに加わるブロックのみを書きますが，そのような書字をしないように注意してあげてください。

　左から順に，ゆっくり書くように教示してください。

　各ブロックの1画目と2画目が，赤と青の2色で表示されていることを教示してください。

　継次処理が強い子どもには，画要素の名前を口にしながら書くように教示すると，効果的です。

　1日1枚の書字プリントの利用が効果的です。2枚構成のプリントを使うと，2日で1つの漢字を練習することができます。この方法は，無理がなく，おすすめの方法です。

　3漢字で1枚の構成のプリントは，学習した漢字の定着を図るときに有効です。3種類の漢字について，2枚構成のプリントで練習し，最後に，3枚構成のプリントで，学習した漢字をおさらいすると，7日間で3種類の漢字を練習することができます。

> 　この教材は，漢字の書字の教材です。漢字の書字の獲得では，実際に正しい筆順で書くことがたいせつですので，この教材は，漢字学習のなかでも，中心的な課題となります。
> 　LD児のなかには，多動や学習拒否などのために，書字の経験が，極端に乏しい子どもがいます。そのような子どもでも，無理なく，正しい筆順で書字ができるように工夫した教材です。漢字の筆順を示すのに，赤・青・黒という色を，手がかりとして用いています。また運筆のためのガイドを選択できます。
> 　とくに，継次処理が得意な子どもには，画要素の言語化，同時処理が得意な子どもには，運筆ガイドの色教示が付加できるようになっています。
> 　書字教材では，手がかりが少なくなるように問題が配列されています。1日1枚という少ない枚数の指導ですので，ていねいに，ゆっくり書くように指示してください。

⑦　合成カード（教材Ⅶ）

　この教材は，組み合わせると1つの漢字になるカードを作成するソフトです。

　はじめに，漢字の学年を選んで漢字を表示します（図3-18）。次に，分割のしかたと漢字を選びます。ブロック分割と多分割は，OHPシートに印刷してください。2分割は，普通の紙に印刷してください。2分

・漢字の学年を決める
・分割のしかたを選ぶ
・漢字を選ぶ
・「印刷」をクリック

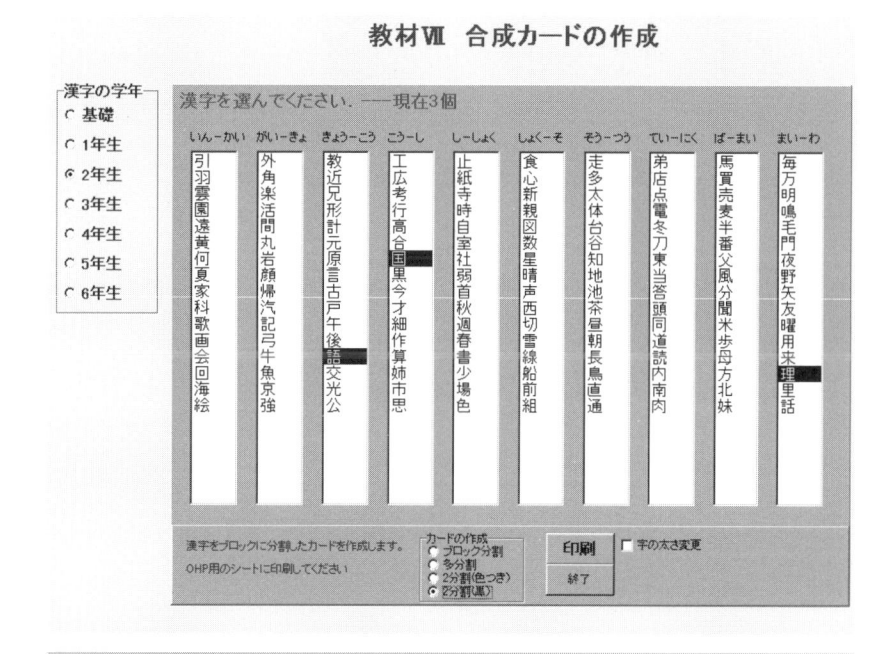

◎図3-18　合成カードを作成する教材（教材Ⅶ）の画面
　　分割には，ブロックで分割する場合，最大8種のカードに分割（多分割）する場合，2分割の場合があります。

割（色つき）は1画目と2画目が赤と青の2色でカラー印刷されます。プリントが終わったあとに，「終了」をクリックしてください*脚注5。

　図3-19は合成カードの一例を示しています。

　上段（1）は，**多分割カード**の例です。合わせると「陽」になります。複数の種類の漢字について，多分割でOHPシートに印刷します。次に線に沿って切り離し，カードを作成します。ついで，複数の漢字の分割カードを混ぜて提示します。子どもに対して，漢字の読みを口頭で示し，分割した字を組み合わせて，1つの漢字をつくるよう教示します。子どもは，書くことができない漢字でも，OHPシートを重ねることで，漢字をつくりだすことができます。子どもに対して，字の形を記憶していることを理解させ，見慣れた漢字を組み立てるのはやさしいことを実感させます。うまく取り出した漢字を，書字するように提案してください。少ない抵抗感で，子どもは書くことができます。

　分割のしかたとして，ブロック分割と多分割があります。ブロック分

＊脚注5　画面がクリックを受けつけないときには，タスクバーのアイコンをクリックしてください。

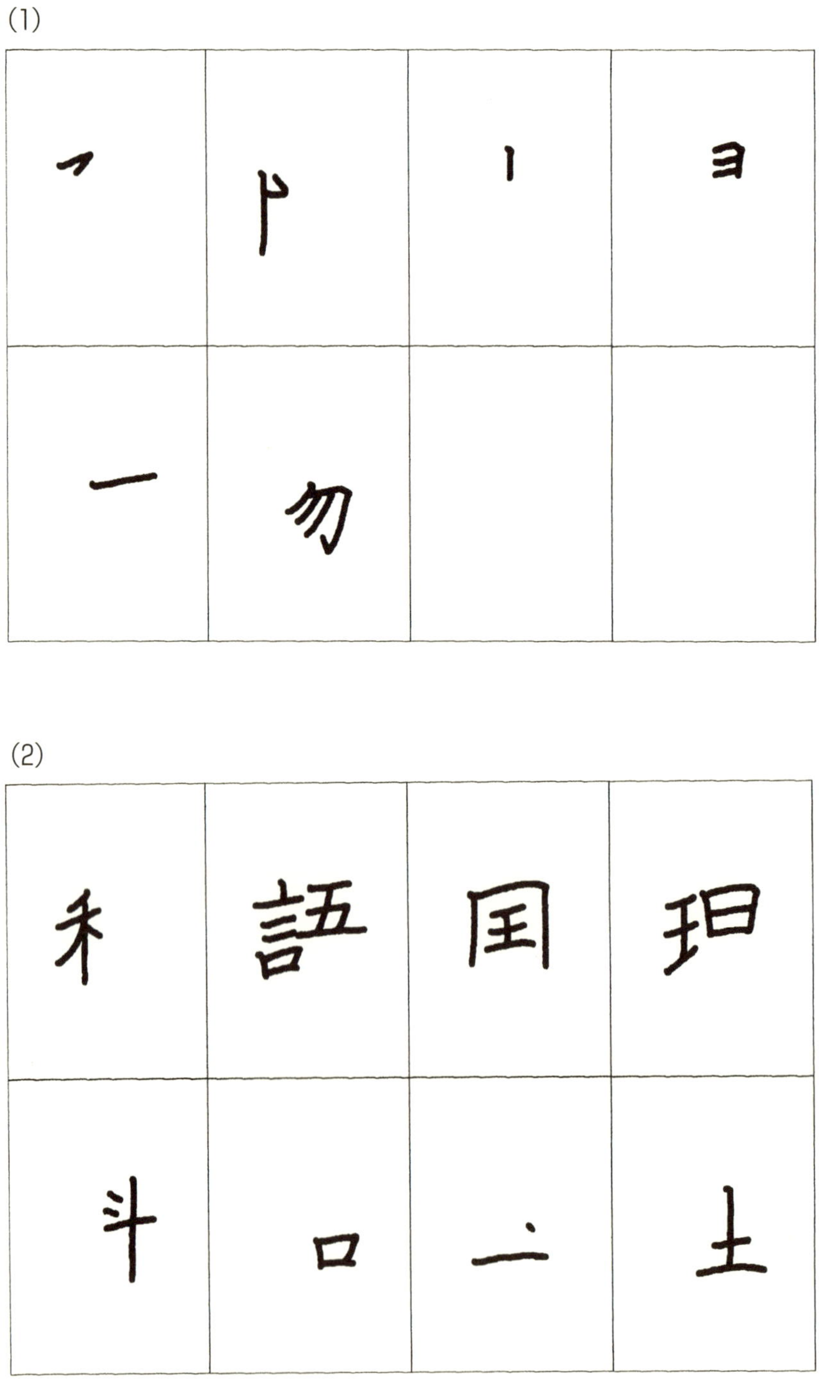

(1)

(2)

●図3-19 合成カードの1例
　(1) は多分割カード，(2) は2分割カードを示しています。多分割カードはOHPシートに印刷します。複数の漢字の合成カードをまぜて提示し，漢字の読みを提示します。子どもは複数のカードの中から1つの漢字をつくりだします。2分割カードは，神経衰弱ゲームのカードとして用います。

割は，ブロックでまとまっているので，やさしい課題です。

　下段（2）は，**2分割カード**の例です。上下の漢字を合わせると，「科」「語」「国」「理」となります。カードを切り離し，厚紙に貼りつけます。神経衰弱ゲームのように，裏にして提示します。子どもに対しては，「1度に2回ずつ裏返してください。1つの単語になるように裏返せた場合には，カードを取ることができます」と教示します。大人とゲームをすることを望む子どもが多いので，遊びのなかで，漢字の構成を学習できます。

> 　私たちは，書くことができない漢字でも，読める漢字であれば，多分割された漢字を合成して，1つの漢字につくることができます。これは，漢字を書けなくても，記憶した漢字の形に基づいて，漢字の構成ができることを意味しています。
> 　いままで，このような分割漢字を構成する課題は，教材作成に手間がかかるので，活用されてきませんでした。
> 　本教材は，とくに，同時処理が得意な子どもにとってチャレンジしやすい課題です。

⑧　部首（教材Ⅷ）

　この教材では，部首を学習します。

　はじめに，漢字の学年を選んでください。2学年と3学年が対象です。次に問題を，語で提示するか，文で提示するかを選んでください。選択肢の数も2つ，または3つを選ぶことができます。3つにするとむずかしさが増します。さらに，教示文とヒントの表示を選択します（課題が子どもにわかりにくいときには，表示してください）。

・漢字の学年を選ぶ
・問題の提示のしかたを選ぶ
・選択肢の数を選ぶ
・教示文とヒントの表示を選ぶ

　このソフトでは，指導者がショートカットキーで操作し，子どもはマウスで漢字を選びます。学年と条件を選んだあとに，子どもに，マウスを渡します。

　子どもに対しては，「上の漢字は，部首が足りません。下の部首からひとつ正しいものを選んでクリックしてください。正しかったら，部首が動いて1つの漢字になります」と教示してください。

　「はじめる（S）」をクリックする（Sをキー入力する）と，上に見本刺激，下に選択刺激が表示されます（図3-20）。見本刺激として部首が欠けた漢字が表示されます。選択刺激として，部首が表示されます。選択刺激を選んで，漢字を完成させるよう教示してください。正答の場合には，チャイムが鳴って，選択刺激が移動し，正しい漢字を表示します。

・「はじめる（S）」をクリック
・正しい部首を選んでクリック
・正答の場合，チャイムが鳴る

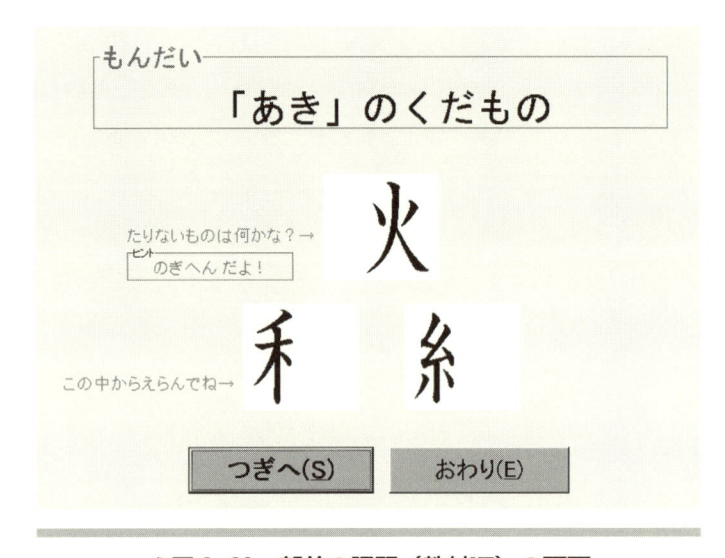

◎図3-20　部首の課題（教材Ⅷ）の画面
正しい部首を選んだ場合には，チャイムが鳴って強化されます。

「つぎへ（S）」をクリック（Sをキー入力）して問題を進めます。

> 基礎的漢字を習得した次の段階では，漢字の拡大を図ることがたいせつです。部首は，漢字の拡大を図る際の大事な手がかりとなります。
> この教材では，見本合わせ課題を用いているので，2学年と3学年の漢字について，効率的な学習ができるように配慮されています。
> 部首に関連した学習には，他にもさまざまな教材が利用できますので，子どもの達成段階にあわせて，適切な教材を用いてください。

⑨　合成・分解（教材Ⅸ）

　この教材は，合成・分解を学習する教材です。必要なことがらを指定したあとに，カラー印刷して，プリント教材を作成します。

　はじめに，学年と漢字を選んでください（図3-21）。クリックすると漢字が選択されます。選択をはずすときは，もう一度クリックしてください。4個以内の漢字を選ぶことができます。

　次に援助の種類を指定してください。

　K-ABC検査の結果で，継次処理が強い子どもには，画要素の援助がおすすめです。プリント教材で，1画ごとに画要素の名前が表示されます。

　書くときの援助として，筆の運びを援助するために，なぞり線（黄色）か枠（赤色）を選ぶことができます。

　最後に，合成，または分解の印刷ボタンをクリックすることで，それ

・学年を決め，漢字（4個以内）を選ぶ
・援助の種類を指定する

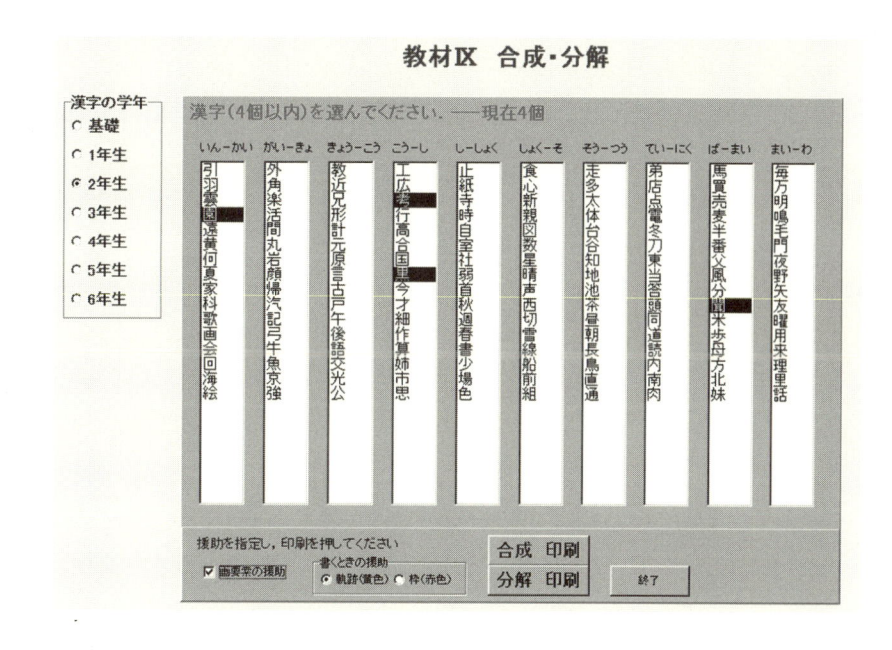

◉図3-21 合成・分解課題（教材Ⅸ）の画面
書字の際の援助として，黄色の軌跡ないしは赤色の枠を提示します。

それぞれのプリント教材を印刷することができます。プリントが終わったあとに，「終了」をクリックしてください*脚注6。

図3-22は合成問題，図3-23は分解問題を示しています。

・「合成 印刷」または「分解 印刷」をクリック

> LD児のなかには，漢字の合成を口で説明できても，実際に書いてみると，うまく配列できない子どもがいます。合成したり分解するという活動を実際に行って，確かめさせることが有効です。
> この教材は，漢字の構成ブロックを合成したり，分解することを経験する課題です。書字指導（教材Ⅵ）では，漢字のブロックを強く印象づけることがむずかしいので，この合成・分解の課題とあわせて用いることは，効果的です。

⑩ 評価問題の作成

漢字の書字を指導する際に，子どもが練習の見通しをもてるようにすることがたいせつです。そのためには，書字の獲得が少しずつ進んでいることを示すことが必要になります。評価問題は，そのために用います。

はじめに，指導を予定している漢字について，評価問題を作成し，

---

*脚注6　画面がクリックを受けつけないときには，タスクバーのアイコンをクリックしてください。

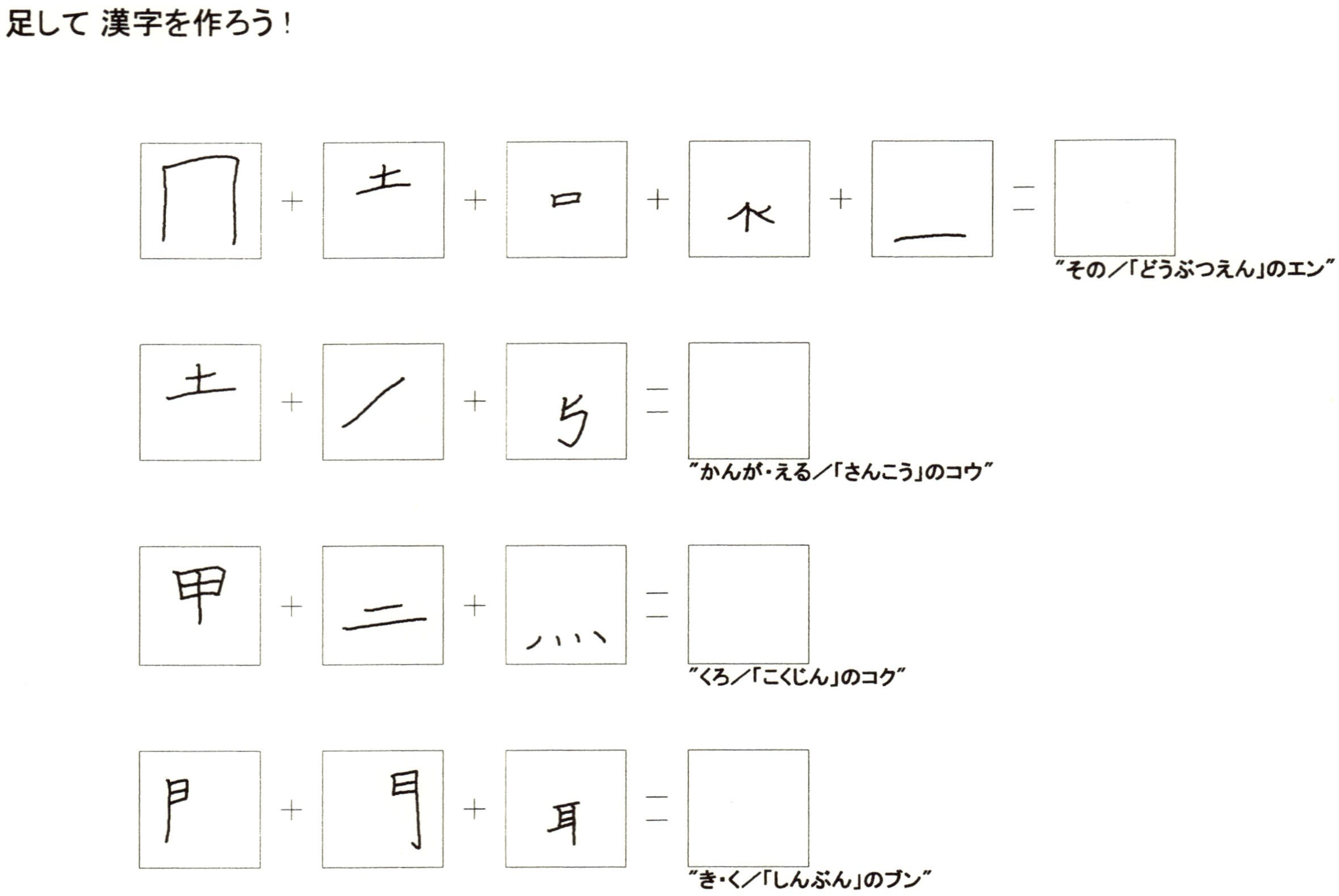

3章　LD児の漢字学習の支援教材

足して漢字を作ろう！

口 ＋ 土 ＋ 口 ＋ 木 ＋ 一 ＝ □　"その/「どうぶつえん」のエン"

土 ＋ ノ ＋ ち ＝ □　"かんが・える/「さんこう」のコウ"

甲 ＋ 三 ＋ 灬 ＝ □　"くろ/「こくじん」のコク"

尸 ＋ 曰 ＋ 耳 ＝ □　"き・く/「しんぶん」のブン"

図3-22　合成問題でのプリント教材の例

2 漢字教材の利用方法

漢字を 分解(ぶんかい)してみよう！

"その/「どうぶつえん」のエン" 園 = □ + □ + □ + □ + □
"たて・かく" "よこ・たて・よこ" "たて・かく・よこ" "ななめ・たて・てん・ななめ" "よこ"

"かんがえる/「さんこう」のコウ" 考 = □ + □ + □
"よこ・たて・よこ" "ななめ" "ななめ・つほね"

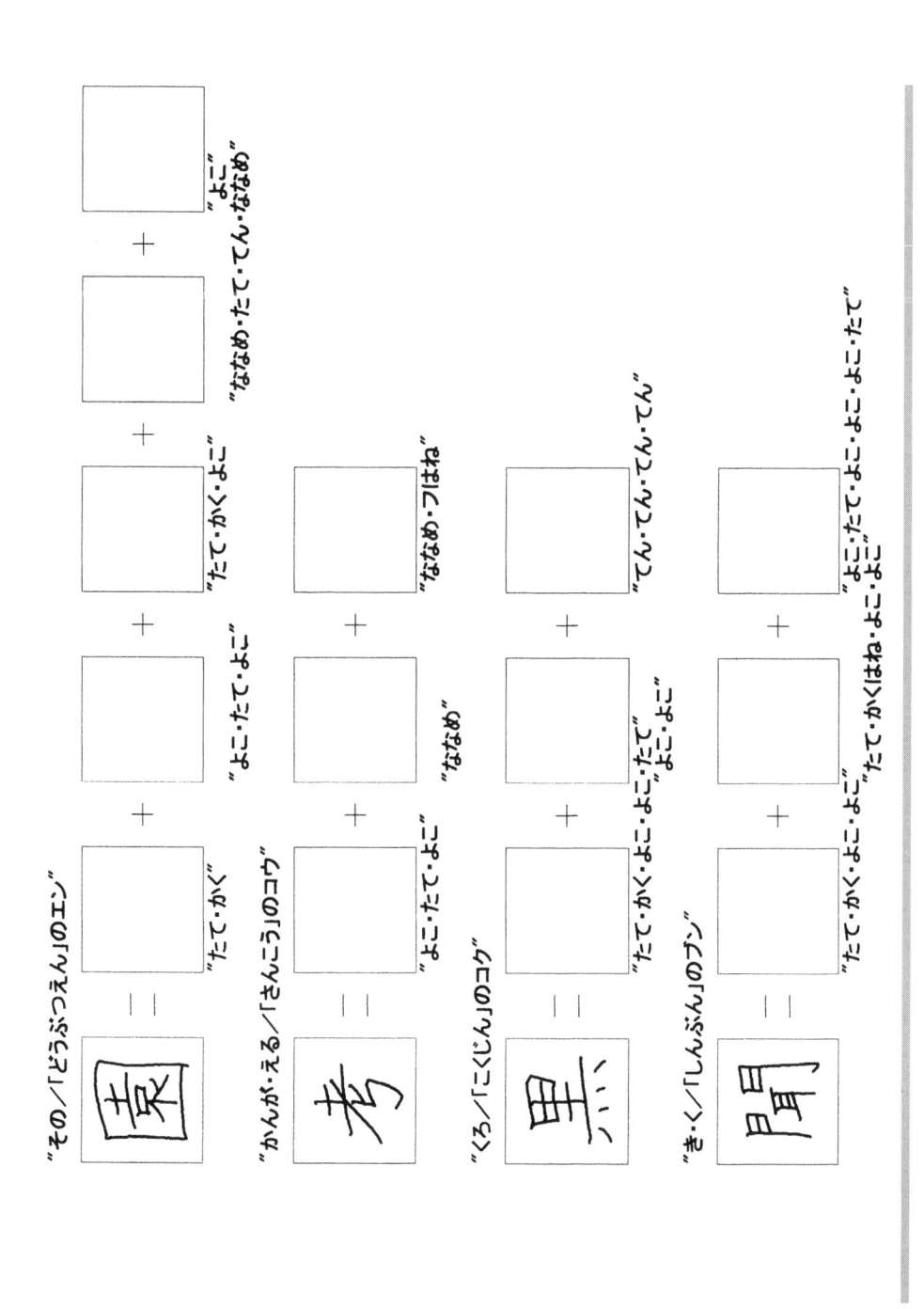

"くろ/「こくじん」のコク" 黒 = □ + □ + □
"たて・かく・よこ・よこ・たて" "たて・かく・よこ" "てん・てん・てん・てん"

"きく/「しんぶん」のブン" 聞 = □ + □ + □
"たて・かく・よこ・よこ・たて・よこ・たて" "たて・かく・よこ・よこ・たて・よこ・たて" "よこ・たて・よこ・よこ・たて"

◉図3-23　分解問題でのプリント教材の例

2，3週間の指導のあとに，もう一度，同じ評価問題を行います。評価問題のでき方を，指導の前と後で比べることで，指導の効果を確認することができます。

　必要なことがらを指定したあとに，印刷して，プリント教材を作成します。

　はじめに，学年と漢字を選んでください（図3-24）。クリックすると漢字が選択されます。選択をはずすときは，もう一度クリックしてください。10個まで漢字を選ぶことができます。

　「次へ」をクリックし，次の画面に移ります（図3-25）。

　この画面では，問題の内容を指定します。あらかじめ用意された問題について選択することができます。問題は自作することもできます。上段のボックスに問題，下段のボックスに読みを，キーボードから入力してください。入力は，全角の日本語入力で行います。

　「問題 印刷」をクリックすることで，問題を作成します（図3-26）。プリントが終わったあとに，「終了」をクリックしてください*脚注7。

・学年を決め，漢字（10個以内）を選ぶ
・「次へ」をクリック
・問題の内容を指定する
　（自作する場合はキー入力する）
・「問題 印刷」をクリック

　この課題は，漢字の評価課題です。指導の効果を子どもに実感させるためには，指導の前に，学習する漢字のでき方を調べ，子どもとともに確認しておくことが必要です。指導の途中で，再度，評価課題を行い，変わりつつあることを示して，学習に見通しをもてるように配慮します。
　書字が苦手であるからといって，低学年の漢字のみを課題とすることは，学習意欲の低下につながります。1学年で40文字がひとつのめやすになると，私たちは考えています。低学年の漢字を完全に書字できなくても，徐々に学年を上げて在籍学年を含む漢字について，指導を行っていくことがたいせつです。
　低学年の漢字の学習に取り組む場合には，指導が必要な理由を説明し，子どもの同意を得ることが大事です。これによって，動機づけを維持し，自分の力で達成できたという自己効力感の形成を促します。

3　漢字指導と教材利用の実際

　漢字の学習支援を行ううえで，書字の発達段階を考慮した指導がたいせつであることを述べてきました。書字の発達段階は，漢字の意味や読みの達成レベルと関連します。また，漢字の形を構成する力の獲得とも関連します。したがって，各段階での学習支援は，漢字の意味や読みを中心とした指導，漢字の形を中心とした指導，書字を中心とした指導のように，指導内容を分けることができます。

＊脚注7　画面がクリックを受けつけないときには，タスクバーのアイコンをクリックしてください。

3　漢字指導と教材利用の実際

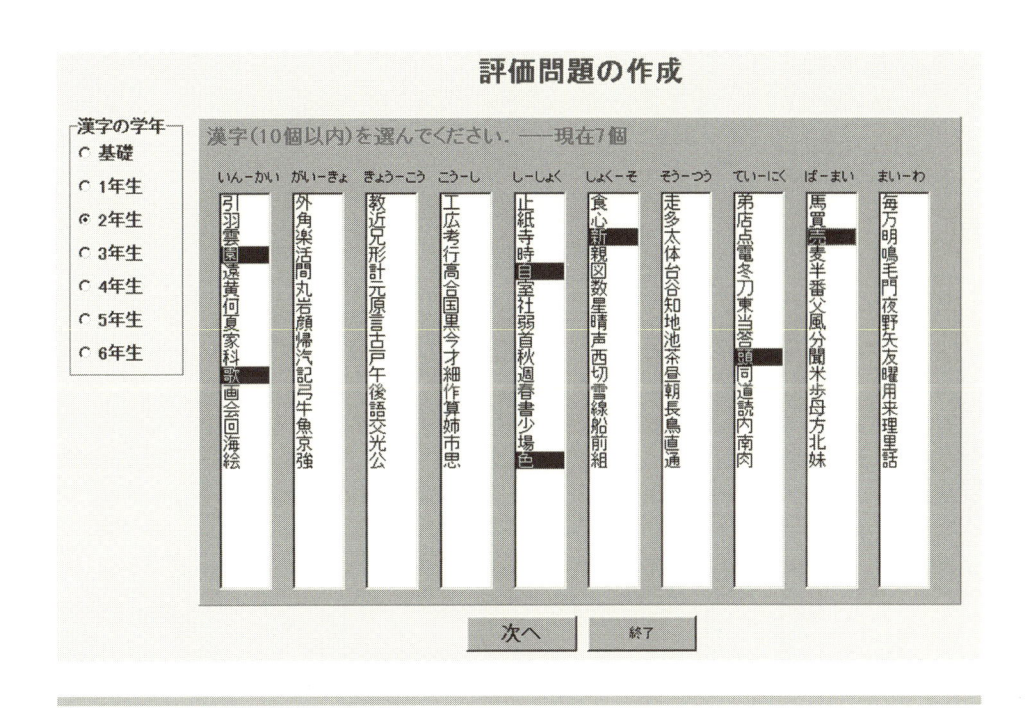

図 3-24　評価問題作成の画面①
評価する漢字をクリックしてください。

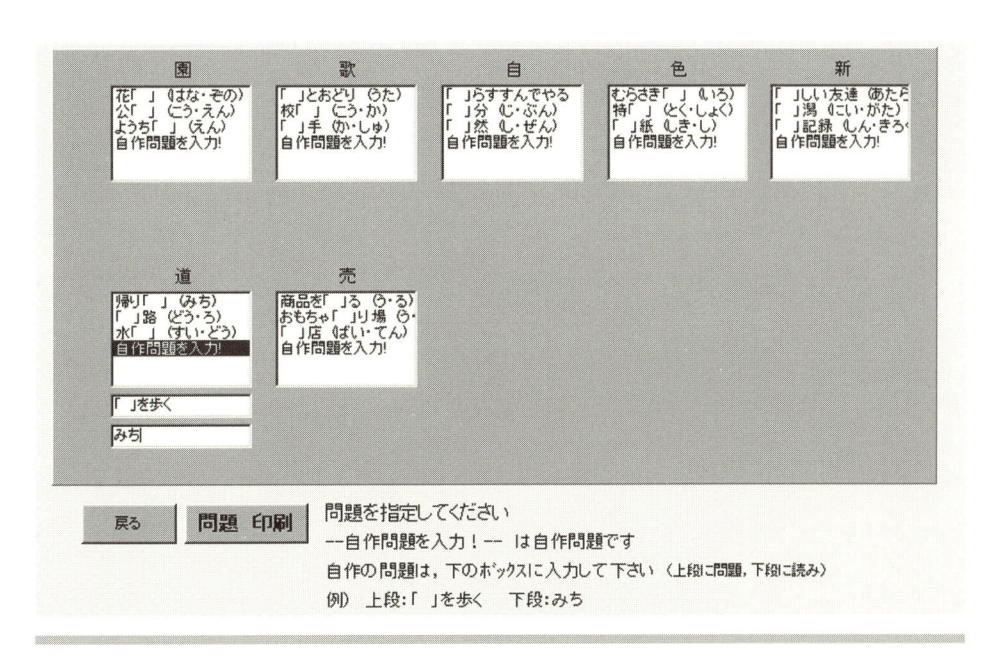

図 3-25　評価問題作成の画面②

3章 LD児の漢字学習の支援教材

「 」の中の字を書こう！　　名前　　　　　　　　（　年　月　日）

「　」しい友達　（あたら・しい）

校「　」　（こう・か）

おもちゃ「　」り場　（う・りば）

公「　」　（こう・えん）

特「　」　（とく・しょく）

「　」を歩く　（みち）

「　」らすんでやる　（みずか・ら）

●図3-26　評価問題の1例

68

そこで，ここでは，指導内容に即して，教材利用の実際について述べていきます。

はじめに，指導開始前の漢字書字を評価することがたいせつです。これによって，指導内容を決めます。

① 指導前の評価

子どもの漢字書字の力を評価する方法として，1学年下（または2学年下）の漢字について，どのくらい書くことができるか調べる方法を，おすすめします。

漢字支援ソフトの**評価問題の作成**をクリックして，漢字の学年のボタンをクリックしてください。その学年の漢字が表示されます。そのなかで，具体的でわかりやすいと思う漢字10個をクリックし，「次に」をクリックしてください。次の画面が表示されますが，そこから，問題文を選んでください。適当な問題がない場合には，「自作問題を入力！」をクリックして，問題文を書くこともできます。最後に「印刷」を押して，テスト問題をプリントしてください。

評価課題で，約2割ぐらいしかできない学年が見つかったら，そこが指導を開始する学年です。子どもの在籍学年が2年生以上で，書けない漢字が1年生レベルの場合には，基礎的漢字を使うのもよい方法です。

指導に先だって，漢字の読み，意味，漢字の構成力を評価します。

漢字の読みと意味については，先ほどのテスト問題の漢字を用いてテストを自作してください。その漢字を含む単語で，とくに教科書や生活で子どもが聞きなれている単語を，順に紙に書いてください。次に，その単語を読むよう指示します。あわせて，単語の意味を聞きます。書くことはできないが，意味を理解でき，読めるという子どもがいます。また，読むことはできるが，意味を理解できないという子どももいます。このように，書くことが困難な子どもであっても，読みと意味理解のレベルはさまざまです。

次に，漢字の構成力を調べます。**合成カード（教材Ⅶ）**をクリックし，書くことができなかった漢字について，多分割の合成カードを印刷します（これは，OHPシートに印刷してください）。複数の漢字についてカードを作成します。これらのカードを子どもの前に置き，大人が言う漢字を組み立てるよう指示します。子どもは，カードを重ねながら，指示された漢字をつくっていきます。

◎表3-1　漢字書字の評価の結果

結果	漢字の獲得段階	中心的指導
○1年生の漢字の意味の理解が不十分で，読むことができない。合成や書くこともできない	ロゴ段階に到達しつつある子ども	1年漢字の意味と読みの指導
○1年生の漢字を読むことはできる。合成することができず，書くこともできない。	基礎的漢字の段階に到達しつつある子ども	1年漢字の形の指導。書字指導を合わせて行う。
○1年生の漢字を読めて，合成することができる。書くことができない。	基礎的漢字の初期段階にいる子ども	1年漢字の書字指導
○2年生以降の漢字を読むことができず，合成や書くことができない。	漢字の拡張段階の前にいる子ども	2年以降の漢字の意味と読みの指導
○2年生以降の漢字を読むことはできる。合成することができず，書くこともできない。	漢字の拡張段階の初期にいる子ども	2年以降の漢字の形の指導。部首の指導，合成・分解の指導，書字指導を合わせて行う。
○2年生以降の漢字を読めて，合成することができる。書くことができない。	漢字の拡張段階にいる子ども	2年以降の漢字の書字指導を行う。部首の指導，合成・分解の指導を合わせて行う。

　これらの手続きで，結果は表3-1のようになります。

② 漢字の意味と読みの指導

　漢字の意味と読みの指導をする際には，かな文字単語の理解と読みの状態を考慮することがたいせつです。かな文字単語を読めない場合には，かな文字の単語について，読み指導を行います。かな文字単語を読めても，意味の理解がむずかしい場合には，概念発達を促すはたらきかけが必要です。

　かな文字をゆっくり読めても，漢字が読めない場合があります。読み指導は，意味を理解できる単語について，生活の中で親しむ経験がたいせつです。教科書や，物語の読み聞かせ，カルタ，生活場面での漢字の利用など，さまざまなはたらきかけをします。漢字の読み指導を行いながら，その言葉の意味を確認していきます。

　漢字が読めない子どもは，漢字学習に対して強い拒否を示します。学習教材に，興味をもって取り組めるよう，とくに配慮が必要です。

　学習指導会で，好評な活動を2つ紹介しましょう。「漢字カード遊び」と「漢字を探そう」です（表3-2）。

◉表3-2 漢字の読みの指導例

「漢字カード遊び」
　はじめに，子どもの知っている単語で，生活でよく経験する単語を選びます。かな文字と漢字からできている単語とします（たとえば，「大きな犬」「山と川」「日がのぼる」など）。次に，単語カードに書いたあとに，2つに分割します。10個の単語で20枚のカードができます。これを子どもの前におきます。先生や友だちとゲーム形式で，お互いに2枚ずつ取り合います。そのとき，取ろうとしている単語を言いながら，さがすように指示します。また，紙の魚にカードとクリップを貼りつけ，竿と糸とマグネットで作ったつり竿で釣り上げるという「魚つり」遊びにしても，楽しい活動になります。マグネットを下ろす前に，釣るつもりの単語を言わせます。取った単語や，釣った単語は，最後に，紙に書かせて，漢字の定着をはかります。

「漢字を探そう」
　身の回りにある漢字を探そうという活動です。漢字の意味，読み，形の関係に気づかせる活動として，利用できます。
　指導時間の枠の中で，漢字で表わされる事物をさがして，ディジタルカメラで写真を撮ってきて，カードを作ろうというのが活動内容です。さがしに行く前に，事物のテーマ（たとえば，動物とか，人など）と写真の枚数を決めておきます。漢字とかな文字で書ける単語にすると，さがす範囲が広がります。さがしたあとで，写真をプリント印刷して，カードに貼ります。カードに，「どのような単語なのか」「どこで写したのか」ということを記入させます。最後に，みんなの前で発表します。カメラ撮影，プリント印刷，カード作成などに手間がかかりますが，漢字に対して強い拒否を示す子どもでも，興味を持てる活動です。
　高学年の子どもは，年少児と同じ活動をすることをいやがります。「漢字を探そう」という活動は，カメラを利用し，しあがりがきれいなので，高学年の子どもでも積極的に取り組めます。

　漢字支援ソフトでは，**読み（教材Ⅱ）**の課題が用意されています。これは，コンピュータによって音声が提示され，子どもはそれに対応する漢字を選択するという課題です。漢字指導に対する抵抗感が少ない場合には，効率よい学習課題です。また，**カテゴリ（教材Ⅲ）**課題を用いると，漢字の意味と分類について指導することができます。

　漢字が読めない子どもでは，学年にかかわらず，漢字の指導そのものに対して強い拒否を示すことがあります。この拒否傾向を少なくすることが，「漢字の意味と読みの指導」での大事な指導課題です。
　拒否感の少ない遊びの中で，漢字の意味と読みに気づかせます。また遊びの中で勝ちとった漢字を，友だちの前で発表するという活動にします。何回かくり返すと，漢字を含む活動に慣れ，積極的に取り組むことができるようになります。このような遊びを中心とした活動は，その後の漢字指導に対する抵抗感を取り除くのに有効です。
　達成感を味わうことができるように，前回指導した漢字を含めて指導課題をつくります。指導を重ねるにつれて，読める漢字がふえていくように配慮します。また，そのことが子どもにわかるように，配慮します。

③　漢字の形の指導

　漢字の形の指導で用いる課題は，字の形に関するもので，漢字の読みや書字と関係なく，解決できる課題です。

漢字を読むことができるようになると同時に，字の形に関する記憶が形成されていきます。字の形を取り入れた課題は，書字の指導の準備段階として位置づけることができます。

　漢字支援ソフトには，形の識別（教材Ⅰ），筆順と形の記憶（教材Ⅳ），合成カード（教材Ⅶ）の課題があります。

　形の識別（教材Ⅰ）と筆順と形の記憶（教材Ⅳ）は，コンピュータによる課題です。書字指導を予定している漢字について，これらの教材を用いることで，漢字の形に慣れることができます。

　合成カード（教材Ⅶ）には，ブロック分割と多分割，2分割があります。ブロック分割と多分割は，OHPシートに印刷して用います。OHPシートでつくったカードは透明なので，これを重ねることで，1つの漢字につくり上げることができます。2分割は普通の用紙に印刷し，神経衰弱ゲーム用のカードとします。複数の単語のカードを作成して，子どもに提示します。「1つの単語になるように裏返せた場合には，カードを取ることができる」というルールで，単語構成のゲームをすることができます。子どもに対して，「取れたカードの漢字は紙に書く」というルールを決めておくと，書字活動に無理なく移行できます。

> 　子どもたちは，指導のなかに少しでもゲーム的要素を取り入れると，興味を持続させます。勝ち負けにこだわらないようにさせるためには，活動の前に，勉強のひとつだということを伝えておきます。
> 　多分割カードで構成することが困難な子どもでは，2分割カードを用いて指導します。
> 　これらの活動を通して，漢字の形の記憶はやさしいことを，子どもに理解させます。

④　漢字の書字の指導

　漢字の書字の獲得には，「書く」という能動的な行為が不可欠です。子どもは，字を「書く」ことに，強い拒否感を持っていることが多いので，「いかにして能動的に向かわせるか」が，たいせつです。そのためには，順を追った指導が大事なポイントになります。

　以下，読めている字の書字指導について，順を追って，説明しましょう。

a．書字の指導（第1回目）

　書字プリントは，指導する漢字それぞれについて作成します（教材Ⅵ）。2枚構成と1枚構成があります。初めての書字の場合には，2枚構成がよいでしょう。「1日1枚，書字プリントを行う」というのが原則です。2枚構成の場合には，はじめの1枚目を第1日に行ったら，次

の日には2枚目を書きます。やわらかめの鉛筆で、ゆっくり・ていねいに書くよう指示してください。ブロックを積み上げて書いていくこと、赤・青が第1画と第2画であることを説明してください。3日目は次の漢字に移っていきます。こうして6日間で3つの漢字のプリントを行ったら、3漢字で1枚構成のプリントを使って、おさらいをしてください。これを3週間続けると、9つの漢字（1週間で3つの漢字を7枚のプリントで学習します。3週間では9つの漢字を、21枚のプリントで学習することになります）について、指導することができます。

「さんずい」「くさかんむり」「たけかんむり」「きへん」は獲得しやすい漢字なので、指導漢字のなかに入れておくとわかりやすい課題となります。

子どもたちのなかには、書くことのできる漢字の数は多いにもかかわらず、書き順がひどく悪い子どもがいます。そのような場合には、**画要素（教材Ⅴ）** の書字プリントを用いて指導します。画要素のプリントでは、1枚あたり3種の画要素を学習するので、記憶しやすい分量となっています。画要素の名前を、口に出しながら書くように指導してください。また画要素の指導を行ったときは、書字プリントを作成するとき（教材Ⅵ）に、画要素の援助を選択し、画要素の名前を利用しながら書けるようにします。

多くの子どもは、空書（指で手のひらに書くこと）が、記憶に役立つことに気づいていません。このことに気づかせるために、筆順と形の記憶（教材Ⅳ）の課題を利用してください。この教材も、筆順の獲得に有効です。

b．1回目指導の評価

3週間の指導が終わった段階で、指導した9つの漢字について、評価課題を行ってください。書いている途中で、わからなくて悩みはじめた場合には、鉛筆を置いて、手のひらの上で、空書をするよう指示すると、書くことができる場合があります。また、書けなくて気にする子どももいますが、気にしないよう指示します。

うまく書けなくとも、一部が書けていた場合には、指摘したうえで、積極的にほめます。字の形が不十分でも、字の形が似てきた場合には、指摘してうまくいっていることを評価します。ここで、子どもに対して、次の漢字をどうするか聞きます。指導者としては、まだ書けない

が，うまくなりつつある残りの漢字について，練習することを提案します。

c．書字の指導（第2回目）

第2回目の書字指導のプリント教材は，第1回目と同じように，2枚構成で9つの漢字について，3週間かけて練習します。1日1枚なので，子どもが自発的に練習するよう配慮します。その際，書き順をまったく無視して書くことがないよう，場合によっては，書く際にそばで見ていることが必要な場合もあります。書き順について，間違うたびに，うるさく言わないこともたいせつです。1つの漢字で1，2回の指示がめやすです。子どもはまだ，「練習したらうまく書ける」という意識が希薄です。

カテゴリのプリント教材（教材Ⅲ）や合成・分解教材（教材Ⅸ）は，3日に1枚程度をめやすに，わかりやすい字を選んで出してください。合成・分解教材は，とくに，部首（教材Ⅷ）の指導と合わせて行うと効果的です。

d．2回目指導の評価

3週間の指導が終わった段階で，指導した9つの漢字について，再度，評価を行います。書けるようになった字は，9つの字のうちそれほど多くないかもしれません。それでも，前の評価で書けていた字はそれらしく書けていますし，以前書けなかった字が1つでも2つでも書けるようになるはずです。そのことを指摘し，努力の成果であることに気づかせることがたいせつです。

書けていない字についても，前の評価で空白であった字が，点や線が書けるようになる場合があります。子どもは，「覚えていないからまちがいである」と自分で考えますが，指導者は，「1日，1枚で，少しでも書けるようになったから，がんばったね」と，少しの努力で，変わりつつあることに注意を向けさせます。1回目指導の評価のときと同じまちがいをしている字もあります。2回目指導の評価の結果と比べてみると，字の形や誤りの内容が，よく似ています。子どもには，この点を指摘し，「字を覚えていないのではなくて，少しまちがえて覚えているのだから，今度は，うまくいくよ」と教示します。

この段階では，それほどの努力ではないのに，「少し変わってきているのかな」ということに気づかせることがたいせつです。評価の結果を

子どもに見せながら，率直に感想を述べあうことが大事です。

e．書字の指導（第3回目）

3回目の指導では，新しい漢字を少し加えるとともに，2回目と同じ漢字を中心に教材を作成します。子どもに確認をとらずに教材を示すと，「同じ漢字だからいやだ」と言うでしょう。そこで，2回の指導での書字の変化について確認しあうとともに，2回目と同じ漢字を練習することの同意を得ます。練習量としては，1日1枚とわずかなものですので，練習に対する同意を得ながら指導を加えていくことがたいせつです。この同意がないと，わずかな変化でも「自分の努力の結果である」と認知できません。

子どもによっては，この段階で，「練習したらうまくなる」ということに気づいてきます。この段階での書き順や筆の運びについての指示は，とても効果的です。

f．第3回目指導の評価

指導が終わった段階で，指導した漢字について，評価を行います。この時点で，子どもは書字を覚えるうえで，どのようにしたら覚えやすくなるのか気づいてきます。「口で言うと覚えやすい」という子もいるでしょう。また，「書き出す前に，少し手を動かすと書きやすい」という子もいます。

いずれにしても，3回目指導のあとの評価では，子どもは自分の努力がどのように実を結ぶのか，実感できるという点で，たいせつな評価です。1日1枚というわずかな練習でも，変わっていくことに気づかせることがたいせつです。その際，書くときの子どもの工夫を聞いてみてください。記憶するときの工夫は，子どもによっていろいろですが，意識的に記憶するとうまくいくことに気づかせてください。

学校の授業で，黒板を写す際，以前と比べてていねいに書字するようになる子どももいます。日常のようすを聞いて，評価の結果を子どもに見せながら，率直に感想を述べることもよいアドバイスになります。

g．書字の指導（第4回目）

4回目の指導には，さまざまなバリエーションがあるかと思います。ひとつは，書けるようになりつつある学年の漢字のみを中心に，教材を作成する方法です。もうひとつは，下の学年の漢字に，在籍する学年の漢字を加えながら，教材を作成する方法です。

基礎的漢字について，口頭で書き取りをしてみてください。画数の少ない字は書けると思いますが，画数が多いと書けない字がけっこうあるものです。そのような場合に，基礎的漢字を中心に教材を作成することもひとつの選択肢です。

指導学年の漢字が40字程度書けるようになった段階で，学年を上げて，漢字を指導していきます。子どもの在籍の1年前の学年の漢字が40字程度書けるようになると，学校での漢字学習に対する態度が大きく変わってきます。書くことのできる漢字の数は，それほど大きな要因ではありません。子どものなかには，2年下の学年漢字が，約40字書けるようになったことで，学習態度が大きく変わった子どももいます。練習の見通しを，子どもがもてることがたいせつです。

上に述べた指導は，個別に行う学習支援ですが，実際に，教室場面で行う場合には，一斉指導を配慮したはたらきかけ（**コラム4参照**）や，社会的スキルのレベルを配慮したはたらきかけ（**コラム5参照**）が必要となってきます。

　書字が苦手であるからといって，低学年の漢字のみを課題とすることは，学習意欲の低下につながります。1学年で40文字を書字できることが，ひとつのめやすになると，私たちは考えています。低学年の漢字をすべて書字できなくても，めやすに達した段階で，徐々に学年を上げて指導し，在籍学年を含む漢字の指導に移行していくことがたいせつです。その際，漢字の画数に配慮することも必要です。

　低学年の漢字の学習に取り組む場合には，指導の説明をし，子どもの同意を得ることが大事です。これによって，動機づけを維持し，自分の力で達成できるという自己効力感の形成を促します。

コラム4　一斉指導における個別的支援の配慮

　LDの子どもの多くは通常の学級に在籍していますが，多くの場合，さまざまな困難を抱えながら一斉指導の授業を受けています。担任の教師は，個別に対応したいと思いながらも，十分な体制が取れないのが実情です。指導のしかたがわからない，本人が特別な配慮をいやがるなどの理由で，実施できないことが少なくありません。ここでは，担任教師の負担を可能な限り少なくし，しかも本人にも不快感を持たせないような，個別的な配慮の工夫について述べます。

1　個を大切にした日常の学級経営

　個別的な支援を行ううえで基礎となることは，「個の確立」と「個の尊重」の意識が，学級の中に育っていることです。日常的に一人ひとりの子どもが個として尊重され，自分自身のよさを子ども自身がしっかりと認識していることがたいせつです。これは学級経営に負うところが大きいといえます。

(1) **個の尊重**

　子どもは一人ひとり違っていることを，担任の教師自身が十分に認識することがたいせつであり，教科指導だけでなくすべてにおいて，一斉指導では必ずそれに「合わない」子どもが出ることを知っておく必要があります。「合わない」ことは個性であって，無理に平均に合わせるのではなく，その子に合うやり方を見つけることが，個を大切にすることです。

(2) **自分の特性の理解**

　子ども自身が，自分のよさ，興味・関心，得意・不得意を知ることは向上心につながるものです。人と比べるのではなく，自分の中のアンバランスに気づき，よさを伸ばし苦手を克服する意欲をもたせることがたいせつです。

(3) **自分のペースを大切に**

　自分にあった学習内容，方法は，「できた」「わかった」という実感をもてることにつながります。このことを，子どもたちに体験させることがたいせつです。具体的には，その子なりの努力や成果をきちんと把握し，適切に認め，励ましていくことです。

2　「一人だけ特別」を避ける工夫

　　一人ひとりの子どもの習得状況に合わせる――人数分の個別指導

　LD以外の子どもたちのなかにも，教科の得意・不得意があり，知的な発達レベルも多様です。当然，学習内容の習得状況も個々に異なります。一人ひとりの実態に応じた指導方法を工夫することによって，LDの子どもだけでなく，

コラム4　一斉指導における個別的支援の配慮

どの子どもも個別的な配慮を受けられるようにすることが可能になります。

(1) グループ編成の工夫

学習の進んだ子ども，平均的な子ども，理解に時間がかかる子ども，未習得部分が多い子どもなどのグループに分けて，グループごとに指導します。

あらかじめ，習得状況によって座席を配置しておきます。一斉に説明をしたのちに，グループごとに机間巡視をしながら対応することが可能です。ただし，この座席は固定的なものではなく，その教科に限ってのことであることに留意する必要があります。子どもたちに不当な差別意識を育てることは絶対に避けます。この座席配置は，勉強をわかりやすく，楽しくするためのものであることを十分に徹底してからでなければ始めてはいけません。

(2) 教材の選択制の導入

子どもたちが，自分の学習進度に合わせて，教材を選び，学習を進める方式です。教師は教材選択のアドバイスや，課題解決の際に個別的に関与します。

教師が準備するものは，さまざまな難易度の教材や資料です。学習が進んだ子ども用の発展問題から，基礎基本の問題まで，いくつかの段階に分けてプリント教材を用意し，子どもたちが自分に合ったものを選んで取り組めるようにします。たとえば，算数のような，段階が追いやすく系統的な教科では，応用問題中心のプリントや基本的な計算のドリル問題など，いくつかの段階のプリントを用意しておきます。社会科では，学習が進んでいる子どもには一斉指導で説明されたことをさらに深く調べる研究テーマを与え，苦手な子どもにはサブノート形式でたいせつなところを書き込むプリントを用意するなどのくふうが考えられます。教科の特性に応じて，さまざまな教材や資料を用意したりパソコンを活用したりすることができます。

コラム5　学習支援と「他者の意図理解」の促進

　LD児はコミュニケーションにおいて，隠れた意図の読み取りが難しいことが指摘されています（表E-1）。この問題は，学校生活のさまざまな場面でも形を変えて現れます。たとえば，授業中，先生の話を注意して聞くことができない場合があります。LD児のなかには，先生の発言が，ほかの子どもに対してだけでなく，自分に対しても向けられていることに気づいていない子どももいるのです。また，文章題で適切な解答ができないことがあります。これは読み書きのスキルの問題だけでなく，文の背後にある設問のねらい，つまり設問者の意図が理解できないことから生じる場合があります。いずれも対人関係において生じる問題と同じ根から発生していると考えられます。

　このように社会的場面での他者の意図の読み取りは，学習に深くかかわっています。このことはまた学習の個別支援と並行して，他者の意図の読み取りを促進する必要のあることを意味しています。

　他者の意図の読み取りを個別に支援する方法として，最近「ソーシャル・ストーリー」という教材が注目されています。

　ソーシャル・ストーリーはさまざまな社会的場面のとらえ方やその場面でのふるまい方を簡単な文章や絵でわかりやすく解説したものです。そこでは，他者の意図理解の支援にとくに焦点を当てています。高機能広汎性発達障害やLD児を対象とし，彼らが経験する社会的場面の意味や人々のふるまいの意図などを，明快で具体的な文や絵によって示すことで，他者とのかかわり方の学習を支援する方法です（Gray, 1994）。

　ソーシャル・ストーリーは，記述文，指示文，肯定文，視点文から構成されます。記述文とは，意見や憶測をまじえず事実をありのままに表現した文章で，だれが，どこで，何をしているか，などの情報が具体的に記述されています。指示文では，その状況でなすべきことが書かれています。肯定文では，見本となる行動の価値が述べられています。視点文では，記述文で描かれた状況の登場人物の考えや気持ちなどが表現されています。以上の要素を盛り込み，全体として，たとえば次のような物語となります。

●表E-1　他者の意図理解の場面例

タクヤ君がクッキーを食べているところへ，ツヨシ君が来ました。ツヨシ君は「おいしそうだね」と言いました。タクヤ君はどう答えるでしょう？

　　・返答1　「うん，おいしいよ」
　　・返答2　「おいしいよ。ひとつ食べる？」

　返答1も間違いとは言えないが，返答2のほうが社会性が高いと評価されるだろう。ツヨシ君の発言の裏に「ひとつもらえないかな」という隠されたメッセージを読み取れるかどうかがポイントとなる。発言の表面にそのようなメッセージが明言されているわけでなく，解釈は受け手にゆだねられている。

コラム5　学習支援と「他者の意図理解」の促進

テーマ：「贈り物をあげる」

> 　贈り物とはあなたがだれかにあげる物のことです（記述文）。贈り物をあげるとき，私は「これはあなたへの贈り物ですよ」と言うことができます（指示文）。贈り物をもらったら，私は「ありがとう」と言うようにします（指示文）。「ありがとう」と言うのはお行儀のよいことです（肯定文）。人々はだれかに贈り物をあげた後に，「ありがとう」と言ってもらうのが好きです（視点文）。

　著者のグレイはソーシャル・ストーリー作成のためのガイドラインとして以下のようなことをあげています。

- 「導入」―「本題」―「結末」という構成にする。
- 「いつ」「どこで」「だれが」「何を」「どのように」「なぜ」などを盛り込む。
- 年少児には1人称，年長児には3人称の視点から語る。
- ストーリーは明るい調子にする。
- あいまいさがなく，文字通りに解釈できるような文章にする。
- 子どもが気にするかもしれないことばは避ける。
- 視覚的な手がかりを活用する。
- 子どもの興味をひくよう，くふうする。

　また，指示文は子どもの行動を過度にパターン化し，束縛してしまう危険性もあるため，指示文の比率を少なくするのがよいと指摘しています。

　次に私たちがLD，AD/HD，高機能広汎性発達障害などの軽度発達障害児の会で実施しているソーシャル・ストーリー指導の一例を紹介しましょう。

　私たちはグレイの基本的な考え方に基づき，オリジナルに教材を作成しました。作成にあたっては，グレイが開発した「コミック会話」の手法も参考にしました。私たちが作成した教材の例を図E-1と図E-2に示します。

　この課題は次のような形で実施しました。まず，図E-1のテキストの部分を読ませます。次に，テキストと類似した場面で，セリフの部分を空白にした4コママンガの物語（図E-2）を提示し，セリフの部分を書かせます。これはソーシャル・ストーリーの内容が理解できているかどうかの確認の課題として行います。テキストは家に持ち帰らせ，実生活の中でもできるだけ活用してもらうよう保護者に依頼しました。また，次回の会では，前回習った場面を子どもたちどうしでロールプレイで復習しました。

　ソーシャル・ストーリーは個々の子どもたちの具体的な問題に応じ，カスタマイズして作成することができるという特徴があります。個に応じたソーシャルスキル指導として，学習の個別的支援とあわせて行うと有効でしょう。

コラム5　学習支援と「他者の意図理解」の促進

① 授業中、ときどき私は、質問したくなります。

② 質問するときは、手をあげて先生が私の名前を呼ぶのをまちます。手をあげれば先生は私が質問したいと思っていることがわかります。

③ 先生が私の名前を呼んだら、私が質問する番です。

④ 先生は、私の質問にしっかり答えてくれます。私は、先生の話を注意して聞きます。

●図 E-1　ソーシャル・ストーリー「質問をしたくなったら」

コラム5　学習支援と「他者の意図理解」の促進

●図 E-2　ソーシャル・ストーリー理解の確認のための課題

引用文献

1章
文部省　1999　学習障害児に対する指導について（報告）
上野一彦　2000　LDの子どもたち　大月書店
上野一彦・牟田悦子・小貫　悟（編著）　2001　LDの教育—学校におけるLD判断と指導—　日本文化科学社
WHO　2002　http://www3.who.int/icf/icftemplate.cfm
文部科学省　2013　http://www.mext.go.jp/a_menu/shotou/tokubetu/002/_icsFiles/afieldfile/2013/09/17/1329076_1.pdf

2章
Frith, U. 1985 Beneath the surface of developmental dyslexia. In K. E. Patterson, J. C. Marshall & M. Coltheart（Eds.）*Surface Dyslexia*. Hillsdale, New Jersey : Lawrence Erlbaum Associates Inc. Pp. 301-330.
石井麻衣・江尻実加・雲井未歓・小池敏英　2001　学習障害児における漢字書字の発達支援—漢字の書字モデルに基づく書字困難の分析—　日本発達障害学会第36回大会発表論文集，71.
石井麻衣・小池敏英　2002　学習障害児における漢字習字の発達支援　日本発達障害学会第37回大会発表論文集，54.
Kaufman, A. S. & Kaufman, N. L. 1983 *Kaufman Assessment Battery for Children*.　松原達哉・藤田和弘・前川久男・石隈利紀（共訳編著）　K・ABC解釈マニュアル　丸善メイツ
大石敬子　1988　子どもの文字言語の発達とその障害　飯高京子ほか（編）　言語障害児の診断と指導　学苑社　Pp. 211-233.
佐々木正人・渡辺　章　1983　「空書」行動の出現と機能—表象の運動感覚的な成分について—　教育心理学研究，**31**，273-282.
宮下久夫　1989　漢字の組立を教える　太郎次郎社
宮下久夫　2000　分ければ見つかる知ってる漢字　太郎次郎社

3章
平田哲夫　1999　通常学級におけるLD児理解と個別指導の必要性（1）—漢字書字に困難を示すLDサスペクト児の個別事例を通して—　琉球大学教育学部障害児教育実践センター紀要，**1**，17-40.
熊谷恵子　1998　筆順の不正確な注意欠陥多動障害児に対する漢字の書字指導—書く順番と方向性を強調した指導—　LD（学習障害）—研究と実践，**7**，69-79.
佐藤　暁　1997　構成行為および視覚的記憶に困難を示す学習障害児における漢字の書字指導と学習過程の検討　特殊教育学研究，**34**，23-28.
篠原吉徳　1992　学習障害児の教育課題とその指導—認知，およびメタ認知の側面から—　特殊教育学研究，**30**，65-70.
山中克夫・藤田和弘・名川　勝　1996　情報処理様式を生かした描画と書字指導—継次処理様式が優位な一脳性麻痺幼児について—　特殊教育学研究，**33**，25-32.

コラム1
尾崎洋一郎・草野和子・中村　敦・池田英俊　2000　学習障害（LD）及びその周辺の子どもたち　同成社
上野一彦・牟田悦子・小貫　悟　2001　LDの教育学校におけるLDの判断と指導　日本文化科学社
上野一彦　1996　学級担任のためのLD指導Q&A　教育出版

●●●●●●●● 引用文献

コラム2

Das, J. P., Naglieri, J. A. & Kirby, J. R. 1994 *Assessment of cognitive processes : The PASS theory of intelligence.* Allyn and Bacon.

小林久男　1995　障害児研究における神経心理学の意義　障害者問題研究, **23**, 192-202.

松原達哉・藤田和弘・前川久男・石隈利紀　1993a　K-ABC心理・教育アセスメントバッテリー実施・採点マニュアル　丸善メイツ

松原達哉・藤田和弘・前川久男・石隈利紀　1993b　K-ABC心理・教育アセスメントバッテリー解釈マニュアル　丸善メイツ

ウェクスラー, D.（著）　日本版WISC-Ⅲ知能検査刊行委員会（訳編著）　1998　日本版WISC-Ⅲ知能検査法　日本文化科学社（Wechsler, D. 1991 *Wechsler Intelligence Scale for Children-Third Edition.* U. S. A.: The Psychological Corporation.）

コラム5

Gray, A. 2000 *The New Social Story Book.* Future Horizons Inc.

アトウッド, A.（著）冨田真紀・内山登起夫・鈴木正子（訳）　1999　ガイドブック　アスペルガー症候群　東京書籍

おわりに

　LD児の認知の特徴はさまざまであるため，多くの子どもたちに効果的な教材を作成することは，むずかしい課題です。教材を作成し，利用してもらっては，また教材を改善するプロセスが不可欠です。

　私たちは，LD児のための学習会を行ってきましたが，そのなかでの指導経験は，教材作成にたいへん役立ちました。ご協力いただきました子どもさん，ならびにご両親の方々に深謝いたします。

　漢字指導の実施には，東京学芸大学の学生の方々のご協力を得ました。記して感謝いたします（敬称略）。

　大学院（修士）　中込美香・高達光子・赤塚めぐみ・松井弘子・上村　歩・小林徹・渡邉流理也・森　正樹・成　基香

　学部　小澤啓子・朝倉千陽美・中嶋あや・彦坂真な子・松浦良子・大川佳美・西村美紗・堀　有紀子・國井　創・小谷知代・萩原　愛・細野いずみ・槙村亜耶

　特別専攻科　今川裕紀子・江尻実加・上條三貴・亀川　静・佐々木智子・土屋真喜子・坪内美恵・福家幸英・前谷麻早・海老沼幸子・矢倉暢子・大沼　綾・柏原亜津子・砂原　千・瀬賀あゆみ・山下知子

　また，コラム5の絵の作成にあたっては，小倉美樹さん，中井良和さんの協力をいただきました。漢字教材の選定にあたっては，安藤寿子教諭にご助言をいただきました。植村芳美教諭には，教材を利用しての感想文を執筆していただきました。ご協力に感謝いたします。

　最後に，適確なご助言をいただいた北大路書房編集部の田中美由紀氏に感謝いたします。

　　　2002年8月

　　　　　　　　　　　　　　　　　　編著者　代表　小池　敏英

ひらがなの書字指導には次の教材が，CD-ROMで利用できます。

　小池敏英・雲井未歓・窪井　務（編著）　LD児のためのひらがな・漢字支援

　　　　　　　　　　　　　　　　　　　　　　　あいり出版（2003）

　　　2004年3月

　　　　　　　　　　　　　　　　　　編著者　代表　小池　敏英

付録　CD-ROMの使い方

ここでは，付属のCD-ROMの使用方法について説明します。

1　CD-ROMの内容と使用の流れ

付属のCD-ROMには，「漢字支援ソフト—漢字の支援」（以下，ソフトウェアと表記）が収録されています。このソフトウェアは，本文に述べた9種類の教材群（教材Ⅰ〜教材Ⅸ）と評価問題，および教材を指定して実行するための「ランチャー」から構成されています。

下の図は，CD-ROMの使用方法を，流れ図として示したものです。

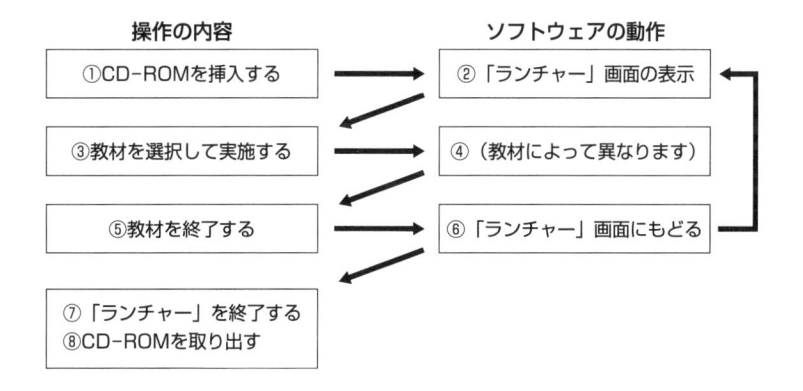

```
     操作の内容                      ソフトウェアの動作
┌─────────────────┐        ┌─────────────────────┐
│①CD-ROMを挿入する│ ──→ │②「ランチャー」画面の表示│ ←─┐
└─────────────────┘        └─────────────────────┘    │
         ↖                                              │
┌─────────────────┐        ┌─────────────────────┐    │
│③教材を選択して実施する│ ──→ │④（教材によって異なります）│    │
└─────────────────┘        └─────────────────────┘    │
         ↖                                              │
┌─────────────────┐        ┌─────────────────────┐    │
│⑤教材を終了する │ ──→ │⑥「ランチャー」画面にもどる│ ──┘
└─────────────────┘        └─────────────────────┘
         ↙
┌─────────────────┐
│⑦「ランチャー」を終了する│
│⑧CD-ROMを取り出す│
└─────────────────┘
```

付属のCD-ROMをコンピュータのCDドライブに挿入すると（①），「ランチャー」画面が表示されます（②）。画面上に示された教材Ⅰ〜教材Ⅸから，利用する教材を選択し，実施します（③・④）。使用した教材を終了すると（⑤），画面は「ランチャー」にもどります（⑥）。別の教材をつづけて行う場合は，②にもどります。ソフトウェアを終了する場合は，「ランチャー」画面を終了し，CD-ROMを取り出します（⑦・⑧）。

2　ソフトウェアの使用方法
(1)ソフトウェアの起動と終了
①ソフトウェアの起動方法

付属のCD-ROMを，コンピュータのCD-ROM（またはCD-RW）ドライブに挿入してください。しばらくすると，本ソフトウェアは，自動的に起動します。

ソフトウェアが正常に起動すると，「ランチャー」画面（「(2)教材の選択と実施」参照）が表示されます。

付　録　CD-ROMの使い方

②ソフトウェアの終了方法

　ソフトウェアを終了するには,「ランチャー」画面（ソフトウェア起動時の画面）の「終了」を左クリックしてください。「ランチャー」の右上にある × をクリックして終了することもできます。

　ソフトウェアを終了したら，CD-ROMをコンピュータから取り出してください。

>注１：CD-ROMを挿入してから，ソフトウェアが起動するまでの時間は，ご使用のコンピュータによって異なります。
>注２：CD-ROMの挿入と取り出しは，必ず，お使いのコンピュータの取扱説明書に従って，行ってください。

(2)教材の選択と実施

　ソフトウェアが起動すると，下図のような画面（「ランチャー」）が表示されます。「ランチャー」に表示されている教材名をクリックすることで，教材が開始します。

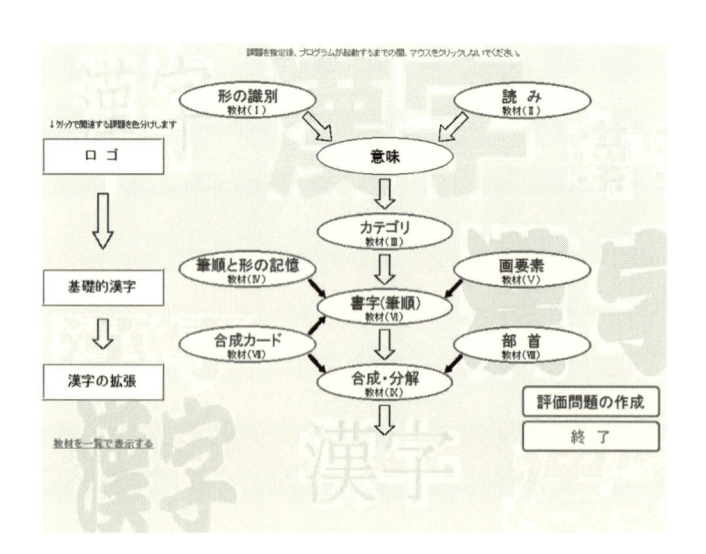

3　教材について

　各教材の特長と具体的な実施方法については，本文中に解説されています。ここでは，ソフトウェアの操作手順を中心に述べます。

(1)教材Ⅰ　形の識別（コンピュータ教材）

　漢字の神経衰弱ゲームです。２人での対戦形式で行います。はじめに，漢字の学年，カードの枚数，ルールを設定します。

　 カードをくばる（D） ボタンをクリックして始めます。その後は，通常の

神経衰弱の要領で，カードを開いていきます。

(2) **教材Ⅱ　読み（コンピュータ教材）**

　コンピュータから流れる音声（漢字の読み）を聞いて，該当する漢字を選択する課題です。はじめに，漢字の学年を設定し，出題する漢字を一覧から選択します。

　|はじめる（S）|ボタンをクリックすると，画面が切り替わります。

　もう一度，|はじめる（S）|ボタンをクリックして始めます。解答は，選択肢の文字をクリックして行います。

(3) **教材Ⅲ　カテゴリ（プリント教材）**

　複数の漢字をカテゴリ（仲間）ごとに分類する課題です。はじめに，漢字の学年と，問題の種類（「カテゴリ→漢字」または「漢字→カテゴリ」）を設定します。

　|印刷|ボタンをクリックすると，教材がプリンタから出力されます。

(4) **教材Ⅳ　筆順と形の記憶（コンピュータ教材）**

　画面上にアニメーション表示される筆跡を記憶して，該当する漢字を選択する課題です。はじめに，漢字の学年を設定し，出題する漢字を一覧から選択します。

　|はじめる（S）|ボタンをクリックすると，画面が切り替わります。

　筆のスピード，文字の消え方を設定し，|はじめる（S）|ボタンをクリックして始めます。

(5) **教材Ⅴ　画要素（プリント教材）**

　漢字を構成する画の要素について学習する課題です。

　はじめに，学習する漢字を，一覧から選択します。次に，画面右の「画要素」一覧から，学習する画要素を選択します。選択した漢字に，どの画要素が含まれるかを調べるには，画面下の|画要素しらべ|ボタンをクリックします。

　|印刷|ボタンをクリックすると，教材がプリンタから出力されます。

(6) **教材Ⅵ　書字（筆順）（プリント教材）**

　筆順，画要素，配置などの手がかりを利用しながら，漢字書字を練習する課題です。

　はじめに，漢字の学年を選択し，練習する漢字を，一覧から選択します。

　援助の種類と，漢字の枚数を設定し，印刷される文字の太さを変更します。

　|印刷|ボタンをクリックすると，教材がプリンタから出力されます。

(7) **教材Ⅶ　合成カード（カード教材：OHPシート使用）**
　漢字の一部分が印刷された透明のカードを重ね合わせて，漢字を完成させる課題です。教材は，OHPシートに印刷します。はじめに，漢字の学年とカードの作成方法を設定します。
　漢字の一覧から，カードにする漢字を選択します。必要に応じて，印刷される文字の太さを変更します。
　| 印刷 | ボタンをクリックすると，教材がプリンタから出力されます。

(8) **教材Ⅷ　部首（コンピュータ教材）**
　問題（漢字の読み）と，部首が欠けた漢字を見て，あてはまる部首を選択する課題です。はじめに，漢字の学年，問題の種類，選択肢の数，出題数を設定します。必要に応じて，教示文とヒントの表示／非表示を指定します。
　| はじめる（S） | ボタンをクリックして始めます。

(9) **教材Ⅸ　合成・分解（プリント教材）**
　画要素の足し算により，漢字を合成または分解する課題です。
　はじめに，漢字の学年を選択し，出題する漢字を，一覧から選択します。次に，援助の内容を，画面下で設定し，必要に応じて，印刷される文字の太さを変更します。
　| 印刷 | ボタンをクリックすると，教材がプリンタから出力されます。

(10) **評価問題の作成（プリント教材）**
　学習した漢字のテスト問題（書字）です。
　はじめに，漢字の学年を選択し，出題する漢字を，一覧から選択します。| 次へ | ボタンをクリックし，表示された画面で，問題を選択するか自作します。
　| 印刷 | ボタンをクリックすると，評価問題がプリンタから出力されます。
　問題の作成を終了する場合は，| 戻る | ボタンをクリックし，はじめの画面が表示されてから，| 終了 | ボタンをクリックします。

4　環境

(1) **必要な装備**
　本ソフトウェアを利用するには，次の条件を満たすコンピュータが必要です。
　　・次のいずれかのオペレーティングシステムが搭載されていること
　　　Microsoft® Windows® 98SE/Me/NT（4.0以降）/ 2000/XP
　　・CD-ROM（またはCD-RW）ドライブが利用可能であること

- カラープリンタが接続されており，正常に印刷できること
- スピーカが内臓または外付けされており，コンピュータから音声の再生が行えること

(2) **推奨する環境**

本ソフトウェアをパソコン上で快適に使用するには，次の環境を推奨します。

CPU（プロセッサ）	500MHz以上の処理速度を持つもの
RAM（メモリ）	128MB以上の容量を持つもの
CD-ROMドライブ	8倍速以上の読み取り速度をもつもの
モニタ	空間解像度800×600以上，色調16ビット以上のもの

上記以外の環境では，ソフトウェアが起動しなかったり，起動した場合でも，正常に動作しないことがあります。

注：Microsoft®およびWindows®は米マイクロソフト社の登録商標です。

5 トラブルシュートのヒント

コンピュータによっては，動作に不具合が生じることがあります。代表的なものについて，以下に対処の方法を述べます。

①ソフトウェアが自動的に起動しない場合

「マイコンピュータ」などからCD-ROMの内容を表示し，「Launcher.exe」をダブルクリックすることで，起動できます。

②教材が開始されず，「ランチャー」も応答しなくなった場合

教材が正常に実行されていれば，「タスクバー」に"漢"の文字のタスクが表示されます。これをクリックすることで，教材が表示されます。また，教材を終了すると，「ランチャー」にもどり，「ランチャー」は，応答するようになります。

③教材から音が出ない場合

スピーカが正しく接続され，電源が投入されているかを確認してください。次に，コンピュータが音声ファイル（wav形式）を再生可能な状態に設定されているかを，確認してください。これについては，コンピュータの取扱説明書に従って操作してください。

④プリント教材を印刷できない場合

カラープリンタが正しく接続され，電源が投入されているかを確認してくだ

付　録　CD-ROMの使い方

さい。次に，プリンタドライバが正しくインストールされているかを確認してください。

本ソフトの漢字の筆順は、講談社『学習新漢字辞典』（第2版，1991）に拠った。「漢字支援ソフト」制作は，小池敏英，雲井未歓，市原加奈子が担当した。教材Ⅱ「読み」の音声記録は，小谷知代さんの協力を得ました。漢字リストの作成には，大川佳美，西村美紗，堀有紀子，萩原愛，國井創，細野いずみ，植村亜耶，成基香さんの協力を得ました。

■ソフトウェア使用の条件（EULA）

1．本条件への同意
　本書『LD児の漢字学習とその支援』の付属CD-ROMとして配布される「漢字支援ソフト―漢字の支援」（以下，本ソフトウェア）の使用に際し，使用者は，本条件の以下に記す，すべての規定に同意し，従うものとします。この同意は，使用者が本ソフトウェアを使用することをもって，それとみなします。

2．知的所有権
　本ソフトウェアおよびその印刷物は日本国著作権法および国際著作権条約によって保護される著作物であり，その知的所有権は，本書の著者らが所有します。したがって，本ソフトウェアに含まれる各種教材，画像，音声等の一部または全部を，著者らの許可なく複製，複写，転載，改変することは，法律で禁じられます。
　研究発表（実践報告を含む），印刷・公表，ウェブサイトへの，本ソフトウェアの引用，教材印刷物の引用，および起動した表示画面の引用は，発表先の公私にかかわらず，出典を明記した場合に限り，これを許可します。

3．使用許諾
　本ソフトウェアは，その使用権が許諾されるものであり，これを超える行為は認められません。使用権に関する制限は以下のとおりとします。
　（1）本ソフトウェアを，販売あるいは他の方法で有償譲渡してはいけません。また，賃貸，リースあるいは他の商用目的での貸与も，行ってはいけません。
　（2）本ソフトウェアを，逆コンパイルあるいは逆アセンブルしてはいけません。また，リバースエンジニアリングを行うことも，認めておりません。
　（3）本ソフトウェアのコピーは，バックアップの目的で1回に限り行えるものとします。

4．免責
　法律がその必要を認める場合を除き，本ソフトウェアの使用によって，使用者およびその関係者が受けるいっさいの影響に対して，著者らは，責任を負わないものとします。

5．ソースコード
　本ソフトウェアのソースコードは，理由の如何にかかわらず，これを開示しません。

6．変更
　本ソフトウェアの内容は，改良のために予告なく変更する場合があります。

7．失効
　使用者が本条件のいずれかに反した場合，著者らは，本ソフトウェアの使用許諾を，いつでも終了させることができるものとします。

執筆者一覧（執筆順）

渡邉　健治（編者）
　　畿央大学現代教育学科教授　　　　　　　　　◆1章1

上野　一彦（編者）
　　東京学芸大学名誉教授　　　　　　　　　　　◆1章2

小池　敏英（編者）
　　東京学芸大学特別支援科学講座教授　　　　　◆2章1・2，3章1・2・3

石井　麻衣
　　東京小児療育病院心理職　　　　　　　　　　◆2章2，コラム3

雲井　未歓（編者）
　　鹿児島大学教育学部障害児教育学科准教授　　◆3章2，付録

奥住　秀之
　　東京学芸大学特別支援科学講座准教授　　　　◆コラム1

北島　善夫
　　千葉大学教育学部教授　　　　　　　　　　　◆コラム2

池尻加奈子
　　東京学芸大学附属特別支援学校教諭　　　　　◆コラム3

水野　薫
　　福島大学教育学部教授　　　　　　　　　　　◆コラム4

藤野　博
　　東京学芸大学特別支援科学講座教授　　　　　◆コラム5

LD児の漢字学習とその支援
――一人ひとりの力をのばす書字教材（CD-ROMつき）

2002年9月10日　初版第1刷発行	定価はカバーに表示
2017年6月20日　初版第13刷発行	してあります。

編　者　　小　池　敏　英
　　　　　雲　井　未　歓
　　　　　渡　邉　健　治
　　　　　上　野　一　彦

発行所　　㈱北大路書房

〒603-8303　京都市北区紫野十二坊町12-8
電　話　（075）431-0361㈹
Ｆ Ａ Ｘ　（075）431-9393
振　替　01050-4-2083

ⓒ2002　印刷／製本　シナノ書籍印刷㈱
検印省略　落丁・乱丁本はお取り替えいたします

ISBN978-4-7628-2272-8　Printed in Japan

・ JCOPY〈㈳出版者著作権管理機構 委託出版物〉
本書の無断複写は著作権法上での例外を除き禁じられています。
複写される場合は，そのつど事前に，㈳出版者著作権管理機構
（電話 03-3513-6969,FAX 03-3513-6979,e-mail: info@jcopy.or.jp）
の許諾を得てください。